VIDA CRISTÃ VICTORIOSA

E. C. Nakeli, PhD

© 2024 por EC Nakeli

Publicado por Perez Publishing

Para suas dúvidas e necessidades de publicação, escreva para:

Perez Editora

Rua da Igreja 40 S

Westminster, MD 21157

E-mail: ecnakeli@yahoo.com

Impresso nos Estados Unidos da América

Todos os direitos reservados. Nenhuma parte desta publicação pode ser reproduzida, armazenada em sistemas de recuperação ou transmitida de qualquer forma ou por qualquer meio - por exemplo,

eletrônico, fotocópia, gravação - sem permissão prévia por escrito

da editora. A única exceção são breves citações em resenhas impressas.

Para entrar em contato com o autor, escreva para:

EC Nakeli

Rua da Igreja 40 S

Westminster, MD 21157

E-mail: ecnakeli@yahoo.com

VIDA CRISTÃ VICTORIOSA. E C Nakeli, PhD

ISBN: 978-1-945055-34-8

Salvo indicação em contrário, as referências bíblicas são de

A BÍBLIA SAGRADA, NOVA VERSÃO INTERNACIONAL®, NIV®

Copyright © 1973, 1978, 1984, 2011 por Biblica, Inc™

Usado com permissão. Todos os direitos reservados no mundo inteiro.

Índice

Indice

Reconhecimentos vii
Dedicação viii
Capítulo 1 9
Compreendendo o conflito 9
   A natureza do conflito 9
   O projeto de Deus 11
Capítulo 2 16
Compreendendo seu inimigo: seus pontos fortes e fracos 16
   Sua natureza 16
   Seu inimigo é enganoso: 18
   Seu inimigo está inquieto: 18
   Seu inimigo é ousado: 19
   Seu inimigo caiu: 19
   Seu inimigo está desarmado: 20
Capítulo 3 21
Compreendendo seu inimigo: suas atividades 21
   Ele é um acusador 21
   Ele rouba a palavra 23
   Ele perverte as escrituras 23
   Ele se opõe à obra de Deus 24
   Ele mantém as pessoas amaradas. 24
Capítulo 4 26
Nosso mandato 26
   O inimigo tem armas 27

Suas armas são projetadas para o fracasso	27
Temos um mandato para julgar	27

Capítulo 5 32
Nossas armas de defesa 32
    O que nossas armas não são 33
    Os potenciais de nossas armas 33
    Quais são as nossas armas 34
        Armas gerais de defesa 34
        Armas pessoais de defesa 37

Capítulo 6 40
Nossas armas de ataque 40

Capítulo 7 50
Nossa compostura 50
    Conheça os contratempos 51
    Outro revés 53

Capítulo 8 56
Prepare-se para a vitória 56
    Sendo cuidadoso 57
    Poder na pureza 59
    Satanás sabe que há poder na pureza 59
    Mantenha-se em sintonia com o Espírito 61
    Esteja na ofensiva 63
    Como se apropriar da vitória 64

Capítulo 9 66
Sua contra-estratégia 66
    Alguns fatos sobre autocontrole 67
    Como adquirir autocontrole 69

Capítulo 10 74

Sua contra-estratégia - 2 74

    Como resistir ao diabo 74

    5). Permanecer firme na sua fé 76

    Como permanecer firme 77

Capítulo 11 81

Matando o monstro 81

(lidando com a maior limitação) 81

    Suas manifestações (o que é pecado) 82

        Pecado 82

        Transgressão 84

        Iniqüidade 85

Capítulo 12 87

O poder destrutivo do pecado 87

    O que o pecado faz a um homem! 87

    Um estudo de caso 98

Capítulo 13 103

Como lidar com o pecado 103

    O pecado deve ser confessado especificamente 104

    Como é feita a confissão? 106

    A base para o perdão 107

    O pecado deve ser corrigido para 108

Capítulo 14 110

Saber quem e o que você é 110

    Ele vai te defender 113

    Você é invencível 115

    Você é um imperialista 117

Capítulo 15 120
Empunhando suas armas 120

Reconhecimentos

Escrevi este livro em 2006 e quero agradecer aos jovens e a toda a congregação da Christian Missionary Fellowship International, Kumba Camarões. Durante esses treze anos desde que o livro foi escrito, fiz parte de duas outras congregações vibrantes, a Christian Missionary Fellowship International, em Westminster, Maryland, e a Christ Gospel City, em Karlsruhe, Alemanha. Quero agradecer aos pastores e membros dessas congregações. Também quero agradecer aos membros, amigos e parceiros dos Institutos SEKEL.

Dedicação

Dedico este livro aos meus filhos; meus filhos Maaseiah Pele e Seraiah Mashal, e minha filha Loria Pristine. Que o Senhor treine suas mãos para a batalha. Que vocês aprendam os segredos da vida cristã vitoriosa e se tornem guerreiros do Reino.

Capítulo 1

Compreendendo o conflito

A vida cristã é de conflito contínuo para quem deve viver de acordo com os padrões de Deus prescritos no Livro. O cristão enfrenta diariamente as pressões do pecado, do mundo e do próprio diabo, que procuram desviar a sua alma de uma lealdade verdadeira e total ao Rei do universo. Não importa a intensidade do conflito, a vida cristã pode ser uma vida de vitória e triunfo contínuos sobre as forças do mal para aquele que procura compreender a natureza do conflito, compreender o inimigo e aplicar os princípios da vitória descritos na Bíblia. .

Neste estudo, faremos exatamente isso; compreender a natureza do conflito, o verdadeiro inimigo e ver como podemos aplicar os princípios revelados de Deus ou a estratégia que o crente deve usar para a vitória.

A natureza do conflito

Para compreender a natureza do conflito só podemos recorrer ao Manual de Deus para viver. À medida que o estudamos, na minha opinião, surgem os seguintes pontos com respeito à natureza do conflito em que nos encontramos.

1). **O conflito é universal**:

A universalidade do conflito significa que não há isenção quanto a quem está envolvido. Enquanto formos humanos, independentemente da nossa raça, cultura, localização geográfica, vocação ou estatuto social, continuaremos a fazer parte do conflito.

"O grande dragão foi lançado – aquela antiga serpente chamada diabo, ou Satanás, que desencaminha o mundo inteiro. Ele foi lançado na terra, e os seus anjos com ele." (Apocalipse 12:9)

Você vê a qualificação dada a Satanás aqui? Aquele que desencaminha o mundo inteiro, independentemente das diferenças acima mencionadas que parecem dividir a raça humana.

O mundo inteiro está em estado de guerra; ciente ou ignorante do fato. Só fazemos bem a nós mesmos quando enfrentamos a verdade sobre isso e agimos de acordo. Embora o conflito seja universal e não haja isenções, satanás tem um alvo principal: os crentes. A Bíblia diz: "Então o dragão irou-se contra a mulher e foi guerrear contra o resto da sua descendência – aqueles que obedecem aos mandamentos de Deus e mantêm o testemunho de Jesus" (Apocalipse 12:17).

O diabo ainda está em guerra contra os eleitos de Deus em todo o mundo. Saber disso lhe dará coragem para aguentar e continuar a luta

"porque vocês sabem que seus irmãos em todo o mundo estão passando pelo mesmo tipo de sofrimento" (1 Pedro 5:9).

2). **O conflito é contínuo**:

Normalmente os conflitos duram um período de tempo dependendo da escala. Porém, para o cristão, toda a sua vida está em "estado de guerra". A batalha em que você está envolvido é uma batalha para toda a vida, desde que Deus lhe dê fôlego.

A Bíblia diz: "O diabo, vosso inimigo, anda por aí como leão que ruge, procurando alguém para devorar" (1 Pedro 5:8).

"Ronda" está no presente contínuo, ou seja, ele está rondando e continuará rondando. Desde os tempos antigos, ele tem "perambulado pela terra e andando por ela" (Jó 1:7). Sobre o Senhor Jesus está escrito: "Quando o diabo acabou de tentá-lo, deixou-o até o momento oportuno" (Lucas 4:13). Cada vitória prepara você para a próxima batalha do conflito.

3). O conflito é antes de tudo espiritual:

Certamente existem evidências e manifestações físicas que mostram que o crente está em conflito com as forças do mal. Mas apesar destas manifestações físicas é necessário compreender que o conflito é antes de tudo espiritual. Saber disso define sua abordagem ao conflito.

A Bíblia diz: "Pois a nossa luta não é contra a carne e o sangue, mas contra os governantes, contra as autoridades, contra os poderes deste mundo tenebroso e contra as forças espirituais do mal nas regiões celestiais" (Efésios 6:12).

O conflito em que vocês estão não é contra seres humanos de carne e osso, mas contra seres espirituais que podem usar agentes humanos, contra um sistema organizado para propagar o mal. É por isso que nos dizem que "as armas com as quais lutamos não são as armas do mundo" (2Coríntios 10:4a). Sabendo que o conflito é antes de tudo espiritual, podemos olhar para a causa e não para o efeito, podemos perseguir a substância e não a sombra e, ao fazê-lo, a vitória pode ser garantida em todas as batalhas.

O projeto de Deus

Deus planejou que o cristão aprenda a lutar nesta vida. É Seu compromisso treinar-nos para a batalha. A Bíblia nos ensina que nosso Deus é um "homem de guerra". Como todo bom pai, Ele quer nos ensinar a ser como Ele. É por esta razão que Ele decidiu nos deixar por um tempo neste território inimigo depois de jurarmos lealdade ao Seu serviço e sermos seus representantes e portadores da Sua bandeira de vitória. Ele sabe que nada nos espera nesta zona hostil do inimigo, onde reina a escuridão, a não ser uma série interminável de ataques contínuos do inimigo e dos seus aliados, que consideram traidores aqueles que juraram lealdade ao Rei do céu.

Nosso Pai celestial, a fim de revelar Seu poder e glória aos inimigos de nossas almas, decidiu em sua soberania que ele manifestará isso somente através de nós, permitindo assim que o diabo e seus companheiros entendam que "a terra [ainda] do Senhor e de tudo que nele há, do mundo e de todos os que nele vivem" (Salmos 24:1).

Moisés disse aos israelitas: "quando vocês entrarem em guerra contra seus inimigos…" (Deuteronômio 20:1). Ele repetiu essas mesmas palavras neste seu discurso final com os filhos de Israel, a quem conduziu para fora do Egito e através do deserto; "quando você for à guerra contra seus inimigos…" (Deuteronômio 21:10). Portanto, a guerra é considerada parte integrante da vida do crente. Moisés não disse "se você for para a guerra", mas "quando você for para a guerra".

A vida cristã normal é de guerra e quando esta guerra está ausente da vida do crente, pode-se ter certeza de que existe um compromisso em algum lugar entre aquela e as forças do mal. Se falta guerra espiritual numa vida, então também falta vitalidade. O grau de vitória na guerra determina o grau de riqueza espiritual e vitalidade de uma pessoa. Nada na vida cristã virá em bandeja de prata. Deus planejou que você guerreasse por tudo que você deve possuir.

O crente deve avançar para o território que lhe foi atribuído, caso contrário aquele que é seu por direito permanecerá sob ocupação inimiga. Satanás não desistirá de nada a menos que seja forçado. Ele não permitirá que você entre na plenitude de sua herança até que você o enfrente na batalha e o desaloje de todos os seus territórios que ele esteja ocupando ilegalmente.

Preste atenção ao comando

"O Senhor, nosso Deus, nos disse em Horebe: "Vocês já permaneceram bastante tempo neste monte. 7 Levantem acampamento e avancem para a região montanhosa dos amorreus; contrafortes ocidentais, no Neguebe e ao longo da costa, até a terra dos cananeus e até o Líbano, até o grande rio, o Eufrates. 8 Veja, eu lhe dei esta terra. Entre e tome posse da terra que o Senhor jurou que daria a vossos pais, a Abraão, a Isaque e a Jacó, e aos seus descendentes depois deles" (Deuteronômio 1:6-8).

Você deve avançar para possuir sua posse. Deus quer que você tome posse de tudo o que Ele lhe concedeu. Ele quer que você possua o que é claro – aquelas coisas que parecem fáceis e comuns. Ele quer que você possua as montanhas – aquelas coisas que parecem difíceis e extraordinárias. Ele quer que você possua as terras áridas – aquelas coisas que à primeira vista parecem oferecer pouco ou nada. Ele quer que você possua o litoral – aquelas coisas que parecem oferecer muito. Nada deve ser deixado para o inimigo.

Você deve aceitar tudo o que é seu. Isto exigirá uma guerra activa para identificar as fortalezas do inimigo na sua vida e derrubá-las, desalojando assim o inimigo. Quero que você entenda que a terra da abundância também é a terra da batalha. Se você deve entrar na vida abundante, você deve enfrentar todos os seus inimigos em batalha, no seu caminho para a terra. Depois de entrar, você deve manter o inimigo afastado por meio de uma guerra ativa para desfrutar de sua abundante herança.

Somente enquanto Ele lidera

Deus também planejou que esta batalha seja travada somente quando ele liderar e dirigir. Devemos estar constantemente sob Seu comando se quisermos lutar com sabedoria. No segundo capítulo do livro de Deuteronômio você descobrirá que há coisas que o Senhor pedirá que você lute agora, outras que Ele pedirá que você lute mais tarde e outras que Ele pedirá que você deixe em paz. Você pode nunca entender as razões pelas quais ele faz isso, mas pode ter certeza de que aquele que o lidera o está conduzindo à vitória.

Outro aspecto do Seu desígnio nesta batalha é que lutemos com armas feitas pelos céus. Armas especialmente projetadas com o poder, potencial e precisão do céu. Ele não nos chamou com armas feitas por ele mesmo, mas com armas com poder divino.

Para mostrar a importância que Deus atribui à nossa prática de guerra, consulte comigo o Livro:

"Estas são as nações que o Senhor deixou para testar todos os israelitas que não tinham experimentado nenhuma das guerras em Canaã 2 (ele fez isso apenas para ensinar a guerra aos descendentes dos israelitas que não tinham tido experiência de batalha anterior): 3 os cinco governantes dos filisteus, de todos os cananeus, dos sidônios e dos heveus que viviam nas montanhas do Líbano, desde o monte Baal-Hermon até Lebon-Hamate. 4 Eles foram deixados para testar os israelitas, para ver se obedeceriam aos mandamentos do Senhor, que ele havia dado aos seus antepassados por meio de Moisés".

(Juízes 3:1-4)

Portanto, o desígnio de Deus para nós é que

1. Aprendemos como fazer a guerra.

2. Provamos a nossa fidelidade à Pátria e ao nosso Rei e Comandante Supremo Cristo Jesus.

A batalha é de Deus

Embora tenhamos sido chamados para esta vida de conflito, uma coisa que devemos saber é que a batalha não é nossa. Acabamos de ser chamados para isso, para que, como participantes numa guerra tão grande, sejamos obrigados a partilhar o butim, quer permaneçamos na linha de abastecimento, quer estejamos na linha da frente, liderando a perseguição do inimigo. O conhecimento de que a batalha é a vontade do Senhor nos levará a compreender que a vitória é nossa. Você deve ter em mente que Deus nunca pedirá que você vá para a batalha se Ele não mostrar o caminho. Deus não pedirá que você possua aquilo que Ele não lhe deu. O chamado de Deus para a batalha vem com um compromisso total de sua parte para tornar possível o impossível. Isso vem com um compromisso total da parte Dele de enfrentar e enfraquecer o inimigo para você conquistar. É por isso que Ele disse repetidamente aos israelitas: "o Senhor lutará por vocês; você só precisa ficar quieto" (Êx 14:14). "Não tenha medo deles; o próprio Senhor teu Deus lutará por ti" (Deuteronômio 3:22). "Porque o Senhor teu Deus é quem vai contigo para lutar por ti contra os teus inimigos para te dar a vitória" (Deuteronômio 20:4)

Capítulo 2

Compreendendo seu inimigo: seus pontos fortes e fracos

Não ha alguém que entra numa guerra esperando vencer sem primeiro compreender a natureza do conflito e do inimigo; sua natureza, estratégias e atividades. Acabamos de falar, na seção anterior, sobre a natureza do conflito. Nesta seção falaremos sobre a natureza do inimigo.

Sua natureza
A Bíblia não nos deixa no escuro no que diz respeito à natureza do seu inimigo. A primeira coisa para a qual quero chamar sua atenção é o fato de que o inimigo que está lutando contra você já foi um arcanjo de Deus. Certa vez, ele teve acesso à presença imediata de Deus. Ele existia muito antes de você nascer, mas é, no entanto, uma criatura de Deus como você.

O inimigo com quem você está lidando não é onipotente, não é onisciente, não é onipresente nem é autoexistente. Como qualquer outra coisa criada, ele existe somente em Cristo, em quem "todas as coisas existem". No entanto, isso não faz dele uma formiga. Você deve compreender seu "potencial" para causar danos. O maior engano em todo e qualquer conflito é subestimar as capacidades do seu inimigo, e não queremos cair nessa armadilha. Saber o seguinte irá ajudá-lo:

Seu inimigo é poderoso:

"Pois a nossa luta não é contra a carne e o sangue, mas contra os governantes, contra as autoridades, contra os poderes deste mundo tenebroso e contra as forças espirituais do mal nas regiões celestiais" (Efésios 6:12)

Este versículo lhe dá uma ideia da natureza do inimigo. Apresenta-nos um sistema organizado do mal. Palavras como "poderes" e "forças" dão a ideia de que você não está pronto para brincadeira. Quero que você entenda que seu inimigo é poderoso; conosco, humanos, ninguém pode igualar sua força.

Seu inimigo é feroz e cruel:

"Pois Jesus havia ordenado que o espírito maligno saísse do homem. Muitas vezes ele o agarrou, e embora ele estivesse acorrentado de pés e mãos e mantido sob guarda, ele quebrou suas correntes e foi levado pelo demônio para lugares solitários" (Lucas 8:29).

"Um espírito se apodera dele e ele grita de repente; isso o lança em convulsões e ele espuma pela boca. Quase nunca o abandona e o está destruindo" (Lucas 9:39).

Satanás e os seus exércitos não são amigos da raça humana. Eles aproveitarão todas as oportunidades para manifestar sua ferocidade e crueldade em qualquer grau. Você está lidando com um inimigo cuja intenção final é ferir. A Bíblia diz que ele "vem apenas para roubar, matar e destruir" (João 10:10)

Seu inimigo é maligno:

"quando de repente um vento forte veio do deserto e atingiu os quatro cantos da casa. Caiu sobre eles e eles morreram, e eu sou o único que escapou para te contar" (Jó 1:9)!

"Pele por pele!" Satanás respondeu. "O homem dará tudo o que tem pela sua própria vida" (Jó 2:4).

Você tem um inimigo que faz de tudo para virar seu Pai contra você. Estas declarações de Satanás não eram para apreciar a Deus ou a Jó, mas tinham intenções malévolas. Sua única disposição é infligir ferimentos e perdas.

Seu inimigo é enganoso:
Revesti-vos de toda a armadura de Deus, para que possais resistir às astutas ciladas do diabo" (Efésios 6:11, JFA)

"E não é de admirar, pois o próprio Satanás se disfarça de anjo de luz." (2 Coríntios 11:14)

Você tem um inimigo astuto, astuto, enganoso e sedutor. A Bíblia fala sobre suas artimanhas. Seu principal método de operação é através do engano; esquemas habilmente inventados, empregados para atrair sua preciosa alma. Ele não se importaria de se disfarçar de anjo de luz. Ele não se importaria de fazer ofertas aparentemente boas. Lembre-se que ele usou essa sutileza contra Eva.

"Ora, a serpente era mais astuta do que qualquer animal selvagem que o Senhor Deus havia criado. Ele perguntou à mulher: "Será que Deus realmente disse: 'Você não deve comer de nenhuma árvore do jardim'?" (Gênesis 3:1)

"Mas temo que, assim como Eva foi enganada pela astúcia da serpente, suas mentes possam de alguma forma ser desviadas de sua devoção sincera e pura a Cristo" (2 Coríntios 11:3)

Satanás sabe que ninguém, em seu juízo perfeito, jamais comprará suas ideias. Assim, a única maneira de ele operar e seguir seu caminho é através da astúcia.

Seu inimigo está inquieto:
1 Pedro 5:8 e Jó 1:7 nos mostram que Satanás está inquieto, sempre trabalhando. O Senhor Jesus Cristo, descrevendo-o em uma parábola, disse: "Mas enquanto outros dormiam, veio o seu inimigo..." (Mateus 13:25)

Diz a você que seu inimigo não dorme, ele não tem licença. Todas as outras pessoas podem descansar, mas não Satanás, o diabo. Ele procura inventar novas maneiras de cumprir sua missão.

Seu inimigo é ousado:
"Um dia os anjos vieram apresentar-se diante do Senhor, e Satanás também veio com eles" (Jó 1:6)

'Então o diabo o levou para a cidade santa e o fez ficar no ponto mais alto do templo. 6 "Se você é o Filho de Deus", disse ele, "jogue-se abaixo"' (Mateus 4:5).

tentaria, nem uma nem duas vezes, enganar o Filho de Deus? Não há nada que Satanás não tentaria para fazer você cair na armadilha dele. Ele pode ser muito ousado, descaradamente.

Até agora parece que lhe apresentei os pontos fortes do seu inimigo. Para vencer melhor uma guerra, você deve procurar compreender tanto os pontos fortes quanto os fracos do seu inimigo. Por melhor que seja não minar o inimigo, é melhor não engrandecê-lo. Compreender suas fraquezas lhe dá diretrizes sobre onde, quando e como atacar. Vejamos seus pontos fracos na próxima seção.

Seu inimigo caiu:
"E houve guerra no céu. Miguel e seus anjos lutaram contra o dragão, e o dragão e seus anjos lutaram. 8 Mas ele não foi forte o suficiente, e eles perderam o seu lugar no céu. 9 O grande dragão foi lançado, aquela antiga serpente chamada diabo, ou Satanás, que desencaminha o mundo inteiro. Ele foi lançado na terra, e os seus anjos com ele." (Apocalipse 12: 7-9)

'Ele respondeu: "Eu vi Satanás cair do céu como um raio."' (Lucas 10:18)

O alvo principal de Satanás era Deus, mas porque ele não era páreo para o Todo-Poderoso e onipotente Senhor das hostes do céu, ele foi derrotado pelo Arcanjo Miguel e sua hoste de anjos. "Mas ele não era forte o suficiente", esta é a descrição do inimigo naquela época e agora. Ele não é forte o suficiente para lutar ou resistir ao Senhor dos Exércitos. Quero que você saiba que ele perdeu seu lugar no céu; lugar de autoridade, destaque ou reconhecimento. Ele é um príncipe caído. Ele foi expulso "do monte de Deus em desgraça" e "expulso do meio das pedras ardentes" (ver Ez 28:16) pelo Pai por causa de seu pecado. A única razão pela qual ele tem algum mandato na terra é porque o homem lhe deu uma data. Se o homem se recusasse a ter um encontro com Satanás, então o diabo deixaria de ter qualquer mandato operacional no planeta Terra. Da mesma forma que ele foi lançado do céu para a terra, é da mesma forma que ele será lançado da terra para o lago de fogo.

Seu inimigo está desarmado:
"E, tendo desarmado os poderes e autoridades, fez deles um espetáculo público, triunfando deles na cruz" (Colossenses 2:15)

Satanás foi desarmado na cruz pelo Príncipe da Paz. Ele não tem nada com que prejudicar o santo, a não ser o que lhe é tolamente dado pelo santo. Assim como Satanás não tem autoridade senão aquela que lhe é dada pelo homem, ele não tem outra arma senão aquela que o homem lhe dá. É por isso que ele busca a lealdade do homem para operar plenamente. Ele é como um soldado carregando um rifle sem cartuchos. Ele pode se apresentar totalmente armado, mas a verdade é que ele não está armado. Ele só pode usar aquilo que você entrega a ele, sem o qual ele permanece impotente. Seu inimigo pode colocar uma frente, mas saber que ele foi desarmado evita que você entre em pânico.

Capítulo 3

Compreendendo seu inimigo: suas atividades

Ele é um acusador

A Bíblia refere-se a ele como o acusador dos santos.

"Pois o acusador de nossos irmãos, que os acusa dia e noite diante do nosso Deus, foi derrubado" (Apocalipse 12:10b).

Satanás procura todas as oportunidades para acusar o crente diante do seu Pai celestial. Ele não se deterá diante de nada para tornar seu caso genuíno. A Bíblia diz que ele faz isso "dia e noite", referindo-se à natureza contínua das suas acusações. Encontramos uma boa ilustração disso no livro de Jó e de forma mais vívida no livro de Zacarias:

"Então ele me mostrou Josué, o sumo sacerdote, em pé diante do anjo do Senhor, e Satanás em pé à sua direita para acusá-lo" (Zacarias 3:1).

Por que Satanás estava ali para acusá-lo? Porque ele estava usando roupas imundas! Roupas imundas representam nossos erros e atos de injustiça; eles representam nossos pecados e falhas. Se há algo de que satanás tiraria vantagem é quando um crente vive descuidadamente.

Você se lembra do que o Senhor da glória disse enquanto estava na terra? "Não falarei com você por muito mais tempo, pois o príncipe deste mundo está chegando. Ele não tem poder sobre mim..." (João 14:30)

satanás sempre viria até nós, mas mesmo que venha quantas vezes quiser, que ele não encontre nada em nós com que nos acusar diante do Juiz do universo. Que seja dito de você e de mim que "a verdadeira instrução estava em sua boca e nada falso foi encontrado em seus lábios. Ele caminhou comigo em paz e retidão, e desviou muitos do pecado" (Malaquias 2:6).

Ele semeia cardos (ervas daninhas, joio)

"Mas, enquanto todos dormiam, veio o seu inimigo, semeou joio no meio do trigo e foi embora" (Mateus 13:25).

Ervas daninhas, espinhos e cardos nas escrituras representam aquilo que é indesejado por Deus. Qualquer coisa que seja falsificada e tenda a impedir que o autêntico prospere é representada por qualquer uma das opções acima.

Pecado, conflito, confusão, brigas, ódio, calúnia, etc. são todos joio no campo de Deus. Estas são obras de satanás. No entanto, tal como qualquer agricultor, Satanás não semeará as suas sementes onde sabe que não poderão crescer. Tornamo-nos culpados quando as nossas vidas se tornam terreno fértil para Satanás cultivar o seu joio, joio, espinhos e abrolhos. A Bíblia diz que "A terra que absorve a chuva que muitas vezes cai sobre ela e que produz uma colheita útil para aqueles para quem é cultivada recebe a bênção de Deus. 8Mas a terra que produz espinhos e abrolhos não tem valor e corre o risco de ser amaldiçoada. No final será queimado" (Hebreus 6:7-8).

Permita-me fazer uma pergunta à qual você deve responder honestamente: a sua vida é um terreno fértil para Satanás cultivar seus males entre o povo de Deus? Você é um terreno fértil para conflitos, fofocas, brigas, etc.? Você se vendeu ao diabo para ser sua oficina?

Ele rouba a palavra

"Quando alguém ouve a mensagem do reino e não a entende, vem o Maligno e arrebata o que foi semeado no seu coração. Esta é a semente lançada ao longo do caminho" (Mateus 13:19).

"Os que estão no caminho são os que ouvem, e então vem o diabo e tira a palavra dos seus corações, para que não creiam e sejam salvos" (Lucas 8:12).

O caminho representa ou representa o coração desprotegido; o coração que permite que qualquer coisa tenha acesso a ele. Você sabe, qualquer coisa pode trilhar um caminho; desde animais até pássaros, tanto limpos como impuros. Assim, o caminho representa o coração desprotegido e não seletivo. Novamente, o solo em qualquer caminho é mais duro do que o solo circundante. Isto também implica que o caminho representa o coração endurecido onde nada pode penetrar ou ficar escondido.

É hora de examinar o seu coração para saber de que tipo ele é! Satanás tem acesso apenas ao coração desprotegido e endurecido. Você sabe que ele só rouba do coração que não entende a palavra que é pregada. A compreensão é o que esconde a palavra no coração do homem, mas quando o coração está endurecido nada pode ficar escondido nele.

A Bíblia diz: "acima de tudo, guarde o seu coração...". (Provérbios 4:23). Não atender a esta instrução é dar livre acesso a satanás para roubar aquilo que está semeado no coração.

Ele perverte as escrituras

O diabo, se não consegue roubar a palavra do coração, tenta dar-lhe uma interpretação errada que se adapte aos seus planos.

"Então o diabo o levou para a cidade santa e o fez ficar no ponto mais alto do templo. 6 "Se você é Filho de Deus", disse ele, "jogue-se abaixo. Pois está escrito: 'Ele dará ordens a seus anjos a seu respeito, e eles o levantarão em suas mãos, para que você não machuque o pé contra uma pedra" (Mateus 4:5-6).

Pense em todas as seitas que se originaram devido à má interpretação e perversão das escrituras. Isso nada mais é do que obra de Satanás. Se ele não puder impedir você de acreditar, ele fará com que você acredite em suas mentiras, que muitas vezes são baseadas em sua perversão das Escrituras.

Ele se opõe à obra de Deus
"O deus deste século cegou o entendimento dos incrédulos, para que não possam ver a luz do evangelho da glória de Cristo, que é a imagem de Deus" (2 Coríntios 4:4).

"Pois queríamos ir até vocês - certamente eu, Paulo, fiz isso repetidas vezes - mas Satanás nos impediu" (1 Tessalonicenses 2:18).

Desde o momento em que o diabo foi expulso do céu em total desgraça, ele decidiu que iria trabalhar contra os planos e propósitos de Deus para o universo. Sua primeira tentativa foi no Éden, quando conseguiu fazer o homem se rebelar contra Deus. Hoje ele está trabalhando ativamente tentando impedir que o Evangelho se espalhe pelas diferentes partes do planeta. Ele cega a mente das pessoas para que não vejam a luz do Evangelho de Jesus e sejam salvas. Ele também rouba a palavra semeada no coração dos homens. O diabo também impede os servos de Deus, quando pode, de levar este Evangelho a novos terrenos.

Ele mantém as pessoas amaradas.
"Então esta mulher, filha de Abraão, a quem Satanás manteve presa por dezoito longos anos, não deveria ser libertada no dia de sábado daquilo que a prendia?" (Lucas 13:16)

Um número incontável de pessoas passou a maior parte de suas vidas na prisão de tormentos de Satanás. Ainda muitos são mantidos cativos no reino das trevas. Em um ou outro aspecto de suas vidas, eles se encontram presos a doenças, maldições, vícios, pobreza, fracasso, desobediência, etc. O diabo é um capataz cruel que se deleita em atormentar aqueles que se recusam a servi-lo de todo o coração. Você vê a quantidade de pessoas presas a uma forma de dependência ou a outra? Essa é a obra de satanás. Você já viu alguém preso por doenças e problemas de saúde? Essa é a obra de satanás. Você já viu alguém ligado ao prazer sensual? Essa é a obra de satanás. Você já viu alguém fadado à rebelião? Essa é a obra de satanás.

Tendo exposto o inimigo e as suas actividades, o próximo passo é ver como podemos empregar as nossas estratégias e recursos dados por Deus para "obter" e manter a vitória sobre ele. No entanto, para empregar esses recursos de maneira eficaz, você deve compreender sua autoridade sobre ele. O Rei da Glória disse: "Eu te dei autoridade para pisar em cobras e escorpiões e para vencer todo o poder do inimigo; nada vos fará mal" (Lucas 10:19).

Lembre-se de que eu disse antes que Satanás só poderia ter autoridade para trabalhar na terra porque o homem lhe deu essa autoridade. Hoje, o seu único mandato é porque o homem lhe dá uma data. Para o crente, o Senhor Jesus nos deu a autoridade que Ele tem sobre os céus e a terra. Lembre-se de que Ele disse: "Toda autoridade me foi dada no céu e na terra" (Mateus 28:18).

É a mesma autoridade que Ele nos deu para pisarmos em Satanás e nas suas obras. Ha nos deu autoridade para vencer todo o poder do inimigo - seu poder para tirar vidas, seu poder para infligir doenças, seu poder para semear confusão e causar conflitos, seu poder para impedir o evangelho - sim, todos os seus poderes. Essa é a autoridade que você e eu temos enquanto nos recusamos a ter qualquer coisa a ver com ele e com suas obras, esquemas e ideias. Com isso mantemos nossa autoridade sobre ele.

Capítulo 4

Nosso mandato

"'Nenhuma arma forjada contra você prevalecerá, e você refutará toda língua que o acusa. Esta é a herança dos servos do Senhor, e esta é a sua justificação da parte de mim", declara o Senhor' (Isaías 54:17).

"Que o louvor de Deus esteja em suas bocas e uma espada de dois gumes em suas mãos, para infligir vingança às nações e punição aos povos, para prender seus reis com grilhões, seus nobres com grilhões de ferro, para executar o sentença escrita contra eles. Esta é a glória de todos os seus santos" (Salmos 149:5-9).

Deus planejou que lutássemos e possuíssemos tudo o que Ele ordenou para nós desde antes da fundação do mundo. Dissemos que Ele também planejou que Ele liderasse cada passo da batalha. Ele também projetou as armas que devemos usar nesta batalha. Tudo nesta batalha se origina Dele, se realiza Nele e termina Nele. Agora quero que compreendam o nosso mandato como filhos de Deus e co-herdeiros com Cristo no que diz respeito a este conflito. Do nosso versículo acima em Isaías podemos destacar imediatamente o seguinte:

O inimigo tem armas
"nenhuma arma forjada contra você..."

O diabo não usa suas armas aleatoriamente; eles são especialmente forjados (projetados, capacitados e dirigidos contra) diferentes indivíduos em diferentes circunstâncias, conforme a necessidade. As armas que ele usou contra você ontem não são as mesmas que usará contra você hoje. Ele procura atualizar e adaptar essas armas através das informações que lhe são fornecidas, monitorando espíritos, câmeras e satélites espiões espirituais que ele colocou para monitorar você. Ele ainda tem agentes humanos que podem aparecer como amigos íntimos que o alimentam com informações a seu respeito.

Suas armas são projetadas para o fracasso
"Nenhuma arma forjada contra você prevalecerá"

O resultado de tudo o que acontece aqui no planeta Terra e em todo o universo é determinado não pelo diabo, mas por Deus. Deus tem a palavra final sobre tudo o que acontece neste universo. O que Ele permite acontece e o que Ele não permite nunca poderá acontecer. Ele determinou que não importa quão sofisticado o inimigo possa projetar suas armas, nenhuma deles cumprirão o propósito pretendido. Podem ser concebidos, podem ser lançados contra nós, podem atingir-nos, mas uma coisa é certa; que o propósito para o qual foram concebidos e lançados nunca será alcançado. É como se esta fosse uma maldição eterna que o Senhor colocou sobre todas as armas do inimigo. As más intenções de suas armas serão transformadas pelo Todo-Poderoso Senhor Soberano em Seu bom propósito.

Temos um mandato para julgar
"...e você refutará toda língua que o acusa"

Deus nos deu o mandato de refutar ou julgar e condenar toda língua que levanta acusações contra nós diante da sala do trono da justiça de Deus. Temos o mandato de combater a petição de Satanás. Temos o mandato de julgar e condenar todos os encantamentos, murmúrios, encantamentos, maldições e tudo o que o inimigo e os seus agentes humanos possam lançar sobre nós.

Da nossa passagem nos Salmos podemos destacar o seguinte:

1. Deus nos deu uma honra

"Que os santos se alegrem com esta honra"

A honra é que Ele escolheu aqueles a quem o diabo enganou e escravizou para serem aqueles mesmos, fracos como somos em nós mesmos, através dos quais Ele realizará Seu plano e propósitos eternos. Ele nos deu a honra de exercer Sua autoridade e Seu poder sobre principados, potestades e hostes de maldades. É uma honra para o homem mortal estar envolvido em conflitos sobrenaturais e ainda assim sair vitorioso. Este é o desígnio de nosso Pai, Deus Todo-Poderoso.

2. Temos o mandato de infligir vingança

"...para infligir vingança às nações"

As nações aqui referem-se aos inimigos do povo de Deus que são Satanás juntamente com o seu espírito e agentes humanos. Temos o mandato de executar a vingança do céu sobre todos aqueles que atacam a obra e o povo de Deus. É por isso que o Senhor Jesus Cristo disse: "Eu te dei autoridade para pisar em cobras e escorpiões e para vencer todo o poder do inimigo; nada vos fará mal" (Lucas 10:19).

Quando você entra em contato com uma cobra ou escorpião, a primeira reação é matá-lo. Somos chamados a pisotear todas as obras e todo o poder do inimigo. Executamos a vingança bloqueando, frustrando e anulando todos os seus esquemas, dispositivos e planos. Executamos a vingança derrubando suas fortalezas e fortalezas. Executamos a vingança limitando e restringindo sua área de operação. Executamos a vingança forçando-o a fugir.

3. Temos o mandato de punir

"...e punição aos povos"

Uma forma de punir alguém, quero dizer, a forma mais eficaz é destruir os frutos do trabalho dessa pessoa, garantindo que ela nunca colha os benefícios do seu trabalho. É permitir que a pessoa trabalhe sem nada para mostrar por todo o seu trabalho. Se quisermos executar o julgamento sobre Satanás e seus companheiros, então devemos julgar e destruir tudo o que ele planta.

Executamos o julgamento forçando-o a libertar os seus cativos, sim, trazendo libertação àqueles que ele acorrentou e escravizou. É forçando-o a abandonar os lugares que ele alega ser propriedade ilegal. Executamos o julgamento sobre ele, impondo e aplicando ordens de restrição do céu às suas atividades. "E estaremos prontos para punir todo ato de desobediência..." (2Coríntios 10:6).

Executemos o julgamento sobre suas obras, quebrando maldições, curando os enfermos, libertando os oprimidos e garantindo que nada dele prospere dentro e ao nosso redor.

4. Temos o mandato de vincular

"Para amarrar seus reis com grilhões, seus nobres com algemas de ferro"

Quando você amarra alguém, você restringe as atividades, movimentos e outras possibilidades de exercício de seu livre arbítrio. Recebemos o mandato de restringir as atividades dos governantes das trevas, vinculando-os. Não precisamos ser capazes de vê-los com os nossos olhos físicos e amarrá-los com as nossas mãos físicas. Como reis, aquilo que declaramos com os nossos lábios é colocado em prática, à medida que o declaramos pela fé no nome de Jesus Cristo.

Ao declararmos isso, os santos anjos de Deus executam as ordens. Até serem amarrados, eles permanecem soltos e livres para se movimentar e operar. Há momentos em que ordenei aos demônios que amarrassem as mãos, o pescoço e os pés, colocando-os nas condições mais dolorosas, especialmente quando se mostraram teimosos. Deus deu-nos o mandato para vincular, vamos colocá-lo em prática e frustrar as atividades de Satanás e dos seus companheiros nas nossas vidas individuais, no nosso ambiente e nas igrejas.

5. Temos o mandato de implementar a decisão do céu

"Para cumprir a sentença escrita contra eles"

Nós, os filhos de Deus, somos os oficiais de justiça do Reino de nosso Pai, que governa todo o universo. Temos a responsabilidade de implementar o que a corte celestial escreveu contra os criminosos do universo – Satanás e seus demônios. Eu li um livro em que um grande mestre do ocultismo preso por Jesus e agora servindo-O disse que eles foram levados a acreditar que nós, crentes, somos os criminosos psíquicos mais procurados que devem ser presos e destruídos. O diabo é realmente um mentiroso!

O Senhor Jesus Cristo o chama de ladrão que vem apenas para roubar, matar e destruir. O julgamento do céu é que satanás é um ladrão (João 10:10), um assassino (João 8:44), um mentiroso (João 8:44), um usurpador (Isaías 14:13-14) e um enganador (Apocalipse 13: 14).

Executemos as sentenças escritas contra ele como ladrão:

"O ladrão certamente deverá restituir, mas se não tiver nada, deverá ser vendido para pagar o seu roubo" (Êxodo 22:3b).

"Os homens não desprezam o ladrão se ele rouba para saciar a fome quando está faminto. Contudo, se for apanhado, deverá pagar sete vezes mais, ainda que isso lhe custe toda a riqueza da sua casa" (Provérbios 6:30-31).

Devemos ordenar-lhe que obedeça à ordem da corte celestial e devolva tudo o que ele roubou, seja de você, de seu parente ou de seus irmãos. Identifique coisas específicas e obrigue-o, em nome de Jesus, a restaurálas sete vezes mais. Identifique as coisas em seu ambiente que ele roubou e ordene-lhe que as restaure sete vezes mais. Essa é uma decisão do céu e ele não tem outra opção senão obedecer.

Você também pode executar outras frases como "Os ímpios serão lançados no inferno, e todas as nações que se esquecem de Deus" (Salmo 9:17, JFA-RC) e "Pois se Deus não poupou os anjos quando eles pecaram, mas os enviou para o inferno , colocando-os em masmorras sombrias para serem julgados;" (2 Pedro 2:4). Lembre-os de onde eles pertencem e onde deveriam estar. Eles não têm nenhum direito sobre a terra, pois ela foi inicialmente dada ao homem para habitar e preencher, e não para os demônios se infiltrarem e ocuparem. Os anjos caídos deveriam estar presos em masmorras sombrias no inferno. A invasão da Terra e a destruição que estão causando na vida das pessoas são ilegais. Lembre-os do julgamento final que os espera:

"E o diabo, que os enganava, foi lançado no lago que arde com enxofre, onde foram lançados a besta e o falso profeta. Eles serão atormentados dia e noite para todo o sempre" (Apocalipse 20:10).

"Então a morte e o Hades foram lançados no lago de fogo. O lago de fogo é a segunda morte" (Apocalipse 20:14).

Capítulo 5

Nossas armas de defesa

"As armas com as quais lutamos não são as armas do mundo. Pelo contrário, eles têm poder divino para demolir fortalezas" (2Coríntios 10:4).

"As armas com as quais lutamos..."

Isto mostra claramente que existem armas que devemos utilizar neste conflito. Não se trata apenas de um conflito de atitudes ou de palavras, mas sim de um conflito que envolve armas reais. Quero que você observe que as armas estão no plural, o que significa que existem muitas armas, tanto em tipo quanto em número. Na luta precisamos tanto de armas de defesa como de armas de ataque. Dissemos anteriormente que Deus projetou armas para usarmos nesta batalha enquanto Ele nos lidera.

O que nossas armas não são
"As armas com as quais lutamos não são as armas do mundo"

"As armas da nossa guerra não são carnais" (JFA-RC)

Pense em todas as armas de guerra que você possa imaginar, das mais rudimentares às mais sofisticadas. Nesta guerra em que estamos envolvidos, nenhuma dessas armas funcionará. É por isso que não pegamos em armas para propagar o evangelho de Jesus. Armas físicas não causarão nenhum dano a Satanás e seus demônios. As armas que usamos não podem ser vistas com o olho natural nem tocadas com as mãos físicas. Você não pode entrar em uma loja de armas para comprar nenhuma. Você não pode encomendá-los da Rússia, França, Grã-Bretanha ou Irã. Não são armas da carne; calúnias, brigas, trapaças, brutalidade etc.; todas essas coisas prejudicarão a eficácia nesta batalha.

Os potenciais de nossas armas
"Eles têm poder divino para demolir fortalezas"

As armas que usamos são armas invisíveis que contêm o poder de Deus. Eles estão repletos de poder e capacidade para demolir todas as fortalezas satânicas, onde quer que estejam, seja no ar, na terra, no mar, debaixo da terra, no fundo do mar ou no espaço sideral.

Estas armas têm um poder de penetração especial para romper qualquer sistema de defesa que o inimigo possa erguer sem ser detectado e sem impedimentos. Se nada pode parar o Senhor, então nada pode parar estas armas fabricadas por Deus e divinamente capacitadas, colocadas à nossa disposição. No entanto, temos de estar devidamente treinados para podermos utilizar estas armas de forma eficiente e eficaz.

usar. Não importa o potencial de uma arma, se quem a utiliza não tiver domínio de seu uso, ela não conseguirá nada ou poderá até sair pela culatra.

O salmista disse: "Ele treina minhas mãos para a batalha; meus braços podem vergar um arco de bronze" (Salmos 18:34).

"Louvado seja o Senhor, minha Rocha, que adestra as minhas mãos para a guerra e os meus dedos para a batalha" (Salmos 144:1).

Cada um de nós deve matricular-se na escola de guerra espiritual de Deus e passar pelo treinamento que nos foi dado pelo Espírito Santo. No entanto, é uma escola na qual ninguém se forma nesta vida. Você só pode progredir. A cada dia que passa, o Espírito Santo irá revelar-vos novas estratégias de guerra e colocar à vossa disposição todas as novas armas de que necessitais para cada fase do conflito. Quem deve aprender as lições é aquele que está pronto para obedecer a todas as instruções do Comandante-em-chefe. Você deve se colocar totalmente à disposição de Deus nesta batalha.

Quais são as nossas armas
Dissemos anteriormente que temos armas de defesa e armas de ataque. Um exército vitorioso é forte tanto na defensiva como na ofensiva. Qualquer defeito em uma das áreas acima significará suscetibilidade à derrota.

Nossas armas de defesa

O Senhor colocou à nossa disposição diversas armas de defesa que podemos separar em armas gerais de defesa e armas pessoais de defesa.

Por armas gerais, quero dizer aquelas coisas que o Senhor, Sua soberania, disponibiliza através de um simples ato de fé a todos aqueles que são Seus; qualquer um que pronuncia o nome do Senhor. Diariamente você pode se levantar e simplesmente reivindicá-los através da fé.

Por armas pessoais de defesa, quero dizer aquelas coisas que o Senhor colocou à disposição do crente através de atos de obediência. O crente tem a responsabilidade de vesti-los. Pode-se considerar que o geral funciona até mesmo para um grupo, mas o pessoal é para indivíduos. Várias pessoas podem estar envolvidas numa batalha, algumas sofrem lesões e outras não, dependendo não só das suas capacidades de luta, mas também das suas armas de defesa.

Armas gerais de defesa
1. **O sangue do Cordeiro**

O sangue do Cordeiro pode ser usado como cobertura pelo crente. Você tem que orar e pedir ao Senhor que o cubra com o sangue de Jesus. Muitas vezes, quando vou para a cama ou começo o dia, peço ao Senhor que me cubra com um mar do sangue do Cordeiro. Um paralelo a isto é visto no caso dos israelitas na noite da sua partida do Egito, quando o Senhor lhes pediu que usassem o sangue para que o anjo destruidor passasse por cima deles. Aqueles que saíram do satanismo muitas vezes testemunharam que encontraram crentes cobertos com um mar de sangue de tal forma que não podem ser alcançados.

2. Fogo

"E eu mesmo serei um muro de fogo ao redor dela", diz o Senhor, "e serei a sua glória por dentro" (Zacarias 2:5).

O Senhor prometeu ser um muro de fogo ao redor de todos aqueles que são Seus. Você terá que se apropriar diariamente deste meio de defesa pela fé.

Voltemo-nos para outra passagem das Escrituras da qual obteremos outras armas de defesa.

"Eu te amo, ó Senhor, minha força. O Senhor é a minha rocha, a minha fortaleza e o meu libertador; meu Deus é minha rocha, em quem me refugio. Ele é o meu escudo e o chifre da minha salvação, a minha fortaleza" (Salmos 18:1-2).

3. O Senhor, sua rocha

Diariamente você terá que reivindicar o Senhor como a rocha sobre a qual você se firma enquanto luta nesta batalha. Você pode reivindicá-Lo como a rocha na qual você se apoia enquanto trava a guerra contra as forças inimigas. Ficar na rocha não apenas lhe dá uma base segura, mas também o coloca bem acima dos inimigos que o cercam.

4. O Senhor é sua fortaleza

Uma fortaleza é um refúgio poderoso e altamente fortificado contra todos os ataques do inimigo. Aquele que permanece em uma fortaleza e de lá lança ataques está fora do alcance das armas de seus oponentes. Aproprie-se diariamente do Senhor como sua fortaleza.

5. O Senhor, seu escudo

"Mas tu és um escudo para mim, ó Senhor; tu me glorias e levantas a minha cabeça" (Salmos 3:3).

Clame o Senhor como seu escudo diariamente, à esquerda, à direita, à frente e atrás, acima e abaixo de você. Lembre-se de que assim como o Senhor é imutável, o escudo que Ele é para você não se desgasta. Tudo o que você precisa fazer é reivindicar a presença desse escudo de defesa ao seu redor.

6. O Senhor é sua fortaleza

Uma fortaleza é uma fortaleza em menor escala, mas oferece a mesma proteção, pois, como uma fortaleza, não é facilmente acessível ao inimigo.

7. As penas do Senhor

"Certamente ele te salvará da armadilha do passarinheiro e da peste mortal. Ele te cobrirá com suas penas, e sobnas suas asas você encontrará refúgio; a sua fidelidade será o teu escudo e fortaleza" (Salmo 91:3-4).

Assim como um pintinho encontra abrigo e proteção sob as penas e asas da mãe galinha, você também pode encontrar abrigo sob as asas do Senhor. Você pode pedir ao Senhor que o cubra com Suas asas e o proteja dos ataques do inimigo. É seu direito como filho de Deus, mas você deve apropriar-se dele diariamente.

8. Os anjos do Senhor

"Se você fizer do Altíssimo a sua habitação, o Senhor, que é o meu refúgio, nenhum mal lhe acontecerá, nenhuma calamidade chegará à sua tenda. Porque aos seus anjos ele dará ordem a teu respeito, para que te guardem em todos os teus caminhos" (Salmos 91:9-11).

Como enviado do Reino a este mundo, você tem direito a guarda-costas de sua terra natal. Eles têm a responsabilidade de protegê-lo de todos os danos. Você apenas tem que reconhecer, diariamente, sua necessidade deles e dar-lhes o acordo para protegê-lo.

Agora que examinamos as armas gerais de defesa, é hora de nos voltarmos para as armas pessoais de defesa.

Armas pessoais de defesa

1. **O cinturão da verdade**

"Permaneçam firmes, com o cinto da verdade amarrado na cintura" (Efésios 6:14a).

O compromisso do crente em conhecer, falar e andar na verdade é uma arma pessoal de defesa contra os enganos do diabo. Seu amor e seu compromisso com a verdade adiam as flechas do engano do inimigo. Nada expõe você aos ataques do maligno como a falsidade em todas as suas manifestações. A menos que você esteja comprometido com a verdade, acabará nas presas da grande serpente do engano. a Bíblia diz

"A vinda do iníquo estará de acordo com a obra de Satanás, manifestada em todos os tipos de milagres, sinais e maravilhas falsificados, 10 e em todo tipo de mal que engana aqueles que estão perecendo. Eles perecem porque se recusaram a amar a verdade e assim serem salvos." (2 Tessalonicenses 2:9-10)

2. **O peitoral.**

O peitoral é uma placa de metal usada no peito para proteger a cavidade torácica e os órgãos nela contidos. Existem dois tipos de peitoral que você deve usar:

eu. a couraça da justiça

"Com a couraça da justiça colocada" (Efésios 6:14b)

O compromisso e a prática da retidão lhe dão proteção aos órgãos vitais de sua vida espiritual. Assim como você tem coração e pulmões físicos, você tem coração e pulmões espirituais. Sua prática de retidão protegerá todas as flechas inimigas direcionadas a esses órgãos vitais que o sustentam espiritualmente.

ii. O peitoral do amor

"Mas como pertencemos ao dia, tenhamos autocontrole, colocando a fé e o amor como couraça, e a esperança da salvação como capacete." (1 Tessalonicenses 5:8)

Seu compromisso com a prática do amor, conforme descrito em 1 Coríntios 13, também atuará como uma couraça para proteger seus órgãos vitais espirituais. O amor é uma defesa segura contra todos os tipos de flechas inimigas. O amor é a chave para permanecer espiritualmente vibrante.

3. **As botas do evangelho**.

"E com os pés calçados com a prontidão que vem do evangelho da paz" (Efésios 6:15).

Você precisa de botas para poder andar e correr neste nosso campo de batalha. Nosso Senhor disse que pisotearemos cobras e escorpiões. Pisá-los descalço é correr riscos desnecessários. Nossa prontidão para pregar o evangelho são as botas que precisamos para pisar com segurança as cobras e escorpiões que recebemos o mandato de pisar. Seu grau de prontidão para pregar o evangelho determina quão sólidas e adequadas serão suas botas.

4. **O escudo da fé**.

"Além de tudo isso, tomem o escudo da fé, com o qual vocês poderão apagar todas as flechas inflamadas do Maligno" (Efésios 6:16).

Quando se trata da fé agindo como um escudo, a fé de nenhum corpo pode trabalhar a seu favor, fornecendo-lhe esta arma. A fé em Deus, a fé na obra consumada da cruz, a fé no que Deus diz que você é, a fé nas promessas de Deus e na sua vitória sobre Satanás agirá como um poderoso escudo empunhado contra as flechas malignas enviadas contra você, parando e extinguindo todos os seus dardos inflamados.

5. **O capacete**.

eu. O capacete da salvação.

"Tomai o capacete da salvação..." (Efésios 6:17a).

"Mas, como pertencemos ao dia, tenhamos autocontrole, vestindo a fé e o amor como couraça, e a esperança da salvação como capacete" (1 Tessalonicenses 5:8).

O propósito do capacete é proteger a nossa mente de todas as formas de ataque inimigo. A esperança é este capacete de salvação! Espero que um dia seu corpo será redimido, espere ver seu Salvador e Senhor, espere por seu lar no céu. Espero que um dia você esteja totalmente livre de todos os ataques de satanás e seus exércitos; tudo isso atuará como uma cobertura protetora sobre sua mente contra o pensamento invasor do inimigo para desencorajá-lo e deixá-lo deprimido.

ii. O capacete do fruto do Espírito.

"Gileade é minha, e Manassés é meu; Efraim é o meu capacete, Judá o meu cetro" (Salmos 60:7).

O Senhor disse que Efraim é Seu capacete. Agora Efraim significa ser duas vezes frutífero. Para nós, espera-se que produzamos o fruto do Espírito. À medida que produzimos o fruto do Espírito, ele nos proporcionará uma cobertura protetora sobre a nossa mente. Se você observar atentamente o fruto do Espírito, notará que o oposto de cada um é um vício. Os vícios proporcionam portas abertas para ataques demoníacos, porque representam as obras da carne que são refúgios seguros para o inimigo na mente que os abriga.

Capítulo 6

Nossas armas de ataque

1) **O nome do Senhor**:

Toda arma que você usa nesta guerra só é eficaz em nome do Senhor Jesus. Contudo, o nome do Senhor é em si uma arma poderosa contra o inimigo. Isso o incapacita e o deixa pasmo. A menção desse nome na fé faz com que ele (Satanás) faça o que mais odeia, curvar-se diante de Jesus. Podemos não ver isso, mas acontece da mesma forma no reino espiritual.

O salmista usou esse nome contra seus inimigos quando disse

"Todas as nações me cercaram, mas em nome do Senhor eu as exterminei. Eles me cercaram por todos os lados, mas em nome do Senhor eu os exterminei. Eles enxamearam ao meu redor como abelhas, mas morreram tão rapidamente quanto espinhos em chamas; em nome do Senhor eu os exterminei" (Salmos 118:10-13).

Uma noite, enquanto dormia, sonhei e fui atacado por um grupo de bruxas (na maioria das vezes o que você sonha está realmente acontecendo no reino espiritual). Eu não tinha arma para usar e tudo que fiz foi citar os versículos acima e todos fugiram. Levantei-me imediatamente e tentei encontrar a escritura que havia usado, mas não consegui até várias semanas depois. Há um tremendo poder liberado cada vez que esse nome é mencionado com um coração de fé e sob a unção.

Às vezes o Senhor vai querer que usemos outras armas em Seu nome e outras vezes Ele prefere que apenas mencionemos esse nome com fé e os resultados desejados serão produzidos. Isto é o que o Senhor me disse sobre Seu nome no terceiro dia de um jejum de vinte e um dias que fiz:

> "Se você não for ousado e corajoso na vida, será forçado a fugir quando na verdade não há nada de que fugir. Se você não se preparar para enfrentar e enfrentar desafios, muitas vezes terá que fugir de um inimigo imaginário. Não meça um inimigo e suas capacidades à distância. Seja ousado o suficiente para desafiar mesmo de perto. Se você permanecer no Meu nome e em nada mais, seus inimigos fugirão. Se você depender de Mim e confiar totalmente em Minha força, as sombras que chegam a assustar desaparecerão. Permaneça no poder do Meu nome e seja ousado para enfrentar suas montanhas. Meu nome é a maior arma que você tem porque tudo se curva e se submete ao Meu nome. Tudo significa tudo, sem exceção. Use meu nome silenciosamente! Use-o com voz baixa! Use Meu nome com um grito! Ele libera todo o poder que você possa imaginar! Faz com que as montanhas fujam! Faz com que as portas se abram! Isso fará com que a escuridão desapareça! Há um poder tremendo em Meu nome, use-o!"

2) **Elogio na boca**:

"Que o louvor de Deus esteja em suas bocas e uma espada de dois gumes em suas mãos" (Salmos 149:6).

Louvor, ação de graças e adoração são armas nas mãos do crente. O louvor tem que estar na boca e não no coração. Em outras palavras, a menos que você louve a Deus, embora seu coração esteja cheio de louvor, isso não causará dano ao inimigo. Há muitas pessoas que desejam elogiar, mas não elogiam. Até que o louvor chegue aos seus lábios e se espalhe pelo ar, ele não fará mal ao inimigo, embora Deus receba até mesmo aquilo que leva o seu coração diretamente ao trono.

O louvor pronunciado coloca o Senhor e Seus santos anjos na batalha contra as forças das trevas. Você se lembra do que Josafá e o exército israelita fizeram quando confrontados por um poderoso exército inimigo? Eles apenas louvaram ao Senhor e isso foi o suficiente para colocar o Senhor na batalha contra aquele vasto exército que trouxe a vitória ao exército de Judá. Muitas vezes empreguei esta arma durante sessões de libertação, especialmente quando os demônios se mostraram teimosos e tudo o mais parece não funcionar. Um cântico de louvor ao Senhor os faz sair por qualquer porta que encontrarem.

3) **A espada de dois gumes**:

"Que o louvor de Deus esteja em suas bocas e uma espada de dois gumes em suas mãos" (Sl 149:6).

"Tomai o capacete da salvação e a espada do Espírito, que é a palavra de Deus" (Efésios 6:17).

Esta é outra arma poderosa para derrubar fortalezas satânicas profundamente enraizadas nas nossas mentes, vidas e ambiente. O crente vitorioso é aquele que domina como usar esta arma contra o diabo e suas atividades. Se você aprender a responder ao diabo com a palavra de Deus falada com fé, ele será forçado a se curvar em todas as circunstâncias. No meu envolvimento na libertação, descobri que quando contrario as reivindicações dos demônios sobre aqueles que eles habitam, com a palavra de Deus a sua teimosia é quebrada. Eles são forçados a desistir de suas reivindicações em favor de uma posição onde desejam negociar. À medida que persisto com as escrituras, eles são forçados a uma posição de súplica e, finalmente, forçados a fugir. Normalmente eu não planejo com antecedência qual escritura usar, mas o Espírito Santo apenas faz com que a escritura apropriada armazenada dentro de mim surja conforme a necessidade. Os demônios são muito sábios! Eles vão querer colocar você em posição de discutir com eles. Se você ceder a esta sedução para usar a lógica e a razão humanas para contrariar as suas reivindicações, você será derrotado. Lembre-se de que eles são mestres em contar mentiras. O cristão vitorioso é aquele cujo coração está carregado da palavra de Deus. Sua atitude em relação à palavra determinará o quão forte ou fraco você é!

4) O chifre da salvação:

"Ele nos suscitou uma força de salvação na casa de seu servo Davi" (Lucas 1:69).

"Ele é o meu escudo e a força da minha salvação, a minha fortaleza" (Salmos 18:2c).

A força de um touro ou de um búfalo (e de qualquer outro animal com chifres) está em seus chifres. Se o Senhor é o chifre da sua salvação, então Ele é a força com a qual você pode ferir o inimigo e suas obras. A Bíblia viva traduz essa parte do salmo como "Ele é meu escudo. Ele é como o chifre forte de um poderoso touro lutador»…..

5) O vento leste:

Pedi várias vezes ao Senhor que liberasse Seu vento leste para varrer as obras do inimigo. Peço-lhe que liberte o Seu vento leste em circunstâncias específicas, quando percebo que o efeito mais devastador será produzido por este vento, tal como um furacão o fará no ambiente natural. Muitas vezes liberei o vento leste do Senhor para derrubar câmeras espiãs satânicas, satélites e antenas usadas por satanás e seus agentes para monitorar situações específicas. Estas são algumas escrituras dentre muitas que mostram como o vento leste atua contra o inimigo:

"Por meio da guerra e do exílio você contende com ela – com seu sopro feroz ele a expulsa, como num dia em que o vento leste sopra." (Isaías 27:8).

"O vento leste o leva e ele se vai; isso o tira de seu lugar. Ela se lança contra ele sem piedade enquanto ele foge precipitadamente de seu poder. Ele bate palmas em escárnio e o expulsa do seu lugar" (Jó 27:21-23).

"Seus remadores levam você para o alto mar. Mas o vento leste te despedaçará no coração do mar" (Ezequiel 27:26).

6) **Trovão**:

Aqui na África (e em outras partes do mundo, talvez) as bruxas atacam seus inimigos usando trovões. Satanás apenas tenta ao máximo imitar o que Deus faz. Ao ler a Bíblia, você perceberá que esta é uma das armas que o Senhor usou frequentemente contra os inimigos de Israel para desbaratar, dispersar e fazê-los fugir. Ele o usou para julgar o Egito e seus deuses.

Esta mesma arma foi disponibilizada para você usar no julgamento das obras de Satanás, de seus demônios, de agentes humanos e, por que não, do próprio diabo? Há momentos em que peço ao Senhor que solte Seu trovão contra as forças inimigas envolvidas em uma situação particular. Você pode não ouvir o trovão, mas eu sei que isso acontece mesmo assim no espiritual,

que afectem a situação específica em causa. Algumas escrituras que mostram como isso funciona são fornecidas abaixo:

"Então o Senhor disse a Moisés: "Estenda a mão para o céu, para que caia granizo sobre todo o Egito, sobre os homens, sobre os animais e sobre tudo o que cresce nos campos do Egito". 23Quando Moisés estendeu o seu bordão para o céu, o Senhor enviou trovões e saraiva, e relâmpagos caíram sobre a terra. Então o Senhor fez chover saraiva sobre a terra do Egito; 24 granizo caiu e relâmpagos brilharam de um lado para outro. Foi a pior tempestade em toda a terra do Egito desde que este se tornou uma nação. 25 Em todo o Egito, o granizo atingiu tudo que havia nos campos, tanto homens como animais; derrubou tudo o que crescia nos campos e arrancou todas as árvores" (Êxodo 9:22-25).

"Aqueles que se opõem ao Senhor serão despedaçados. Ele trovejará contra eles desde o céu; o Senhor julgará os confins da terra" (1 Samuel 2:10).

"Mas à tua repreensão as águas fugiram, ao som do teu trovão fugiram" (Salmos 104:7).

"Ao trovão da tua voz, os povos fogem; quando você se levanta, as nações se dispersam" (Isaías 33:3).

7) **Relâmpago**:

Assim como os raios naturais podem causar danos reais incalculáveis, os raios espirituais podem causar danos. Quando você libera, ou melhor ainda, pede ao Senhor para liberar relâmpagos no espiritual contra o inimigo, isso derrota ele e seus companheiros na situação em questão e a vitória é conquistada. Isso destrói suas armas e estratégias. O Senhor muitas vezes usou raios contra Seus inimigos, como pode ser visto abaixo:

"Ele atirou flechas e dispersou os inimigos, relâmpagos e os derrotou" (2Samuel 22:15)

"Envie raios e espalhe os inimigos; atire suas flechas e derrote-os" (Salmos 144:6).

8) **Fogo**:

Outra arma que você pode usar com eficácia contra o inimigo e suas obras é o fogo. A Bíblia diz que nosso Deus é um fogo consumidor. Quando liberamos o fogo do Senhor, ele incendeia o inimigo visado ou as obras visadas do inimigo, tanto no espiritual quanto no natural, através dos efeitos que realiza. Está escrito que, "Ora, o povo reclamou das suas dificuldades aos ouvidos do Senhor, e quando ele os ouviu, a sua ira se acendeu. Então o fogo da parte do Senhor queimou entre eles e consumiu parte dos arredores do acampamento. 2Quando o povo clamou a Moisés, ele orou ao Senhor e o fogo se apagou. 3 Por isso aquele lugar foi chamado Taberá, porque o fogo da parte do Senhor ardeu entre eles" (Números 11:1-3).

"Saiu fogo de Hesbom, um incêndio da cidade de Siom. Consumiu Ar de Moabe, os cidadãos das alturas de Arnon" (Números 21:28).

"Mas tenham certeza hoje de que o Senhor, o seu Deus, é quem vai adiante de vocês como um fogo devorador. Ele os destruirá; ele os subjugará diante de você. E você os expulsará e aniquilará rapidamente, como o Senhor lhe prometeu" (Deuteronômio 9:3).

"Elias respondeu ao capitão: "Se eu sou um homem de Deus, que desça fogo do céu e consuma você e seus cinquenta homens!" Então caiu fogo do céu e consumiu o capitão e seus homens" (2 Reis 1:10).

Certa vez, estávamos realizando a libertação, ordenei que o fogo do Senhor sobre os demônios. Uma garota começou a gritar. Após a sessão de libertação ela reclamou que a havíamos queimado com fogo. Você vê que o que ordenamos realmente acontece no espiritual, embora nossos olhos físicos possam não perceber. Existem estruturas espirituais de guerra ao nosso redor, usadas pelo inimigo para lançar seus ataques contra nós. Quando ordenamos que o fogo do Senhor caia sobre essas estruturas, elas são realmente incendiadas e nenhum extintor de incêndio ou bombeiro satânico pode apagar a chama acesa sob a unção do Espírito Santo. É por isso que depois de fazer certas orações você recebe uma retaliação tão violenta do diabo. O fogo do Espírito Santo lançado no acampamento do inimigo causará danos incalculáveis.

9) **As flechas do Senhor**:

"Ele atirou suas flechas e dispersou os inimigos, grandes relâmpagos e os derrotou" (Salmo 18:14).

"Envie raios e espalhe os inimigos; atire suas flechas e desfaça-os" (Sl 144:6).

Você também pode usar as flechas do Senhor quando tiver alvos inimigos específicos para mirar. As flechas espirituais são como flechas físicas; há coisas no físico que você não pode usar uma flecha para atacar, assim como no espiritual. Fazer uso de uma flecha depende em grande parte do alvo. Existem aves de rapina, e animais também, que o inimigo usa no espiritual para atacar o que você plantou. Contra tais vocês podem fazer uso das flechas do Senhor. Você também pode usar flechas contra agentes humanos do diabo que perturbam sua vida. Existe o que chamamos de flecha do Senhor (veja 2 reis 13:15-17), quando ela é lançada sua vitória está garantida.

10) **Os anjos do Senhor**:

Deus, em Sua bondade, colocou à nossa disposição, e posso dizer humildemente ao nosso comando, anjos de guerra de diferentes categorias para que possamos fazer uso deles nesta guerra espiritual. É nossa responsabilidade enfrentá-los contra as forças inimigas. A Bíblia diz: "O anjo do Senhor acampa-se ao redor daqueles que o temem" (Sl 34:7). Por que eles acampam? Principalmente para proteger e, secundariamente, para receber nossas instruções. Muitas vezes pedi comandos do céu para intervir em situações específicas onde a intervenção humana é impossível, para entrar nas prisões inimigas e libertar aqueles mantidos em cativeiros e masmorras satânicas.

Davi fez uso de anjos quando orou dizendo: "Que sejam como palha diante do vento, e o anjo do Senhor os afaste; que o seu caminho seja escuro e escorregadio, e o anjo do Senhor os persiga" (Sl 35:5-6). Eles podem realizar numa fração de segundo o que você não conseguiria se lhe fosse dada toda a eternidade. Você se lembra do que um único anjo fez ao exército sírio em apenas uma noite? "Então o anjo do Senhor saiu e matou cento e oitenta e cinco mil homens no acampamento assírio. Quando as pessoas se levantaram na manhã seguinte – lá estavam todos os cadáveres!" (Is 37:36). Você pode pedir ao Senhor para libertar um bando de anjos destruidores contra as forças inimigas que o cercam. Aprenda a usar esta poderosa arma à sua disposição e a vitória certamente será sua.

11) **Granizo**

"O Senhor os confundiu diante de Israel, que os derrotou com uma grande vitória em Gibeão. Israel os perseguiu pelo caminho que sobe até Bete-Horom e os destruiu até Azeca e Maqueda. 11 Enquanto eles fugiam de diante de Israel na estrada que descia de Bete-Horom para Azeca, o Senhor lançou do céu sobre eles grandes pedras de granizo, e mais deles morreram por causa das pedras de granizo do que foram mortos pelas espadas dos israelitas" (Josué 10: 10-11).

Você pode pedir ao Senhor que solte pedras de granizo contra as teimosas forças inimigas. Depois de pedir, acredite que está feito e visualize as pedras de granizo caindo sobre as cabeças de seus inimigos.

12) **Seca**

Este deve ser usado principalmente contra espíritos da água. Eles não suportam qualquer tipo de seca. Se você sente que a situação que está enfrentando envolve espíritos da água, peça ao Senhor que libere a seca sobre o meio ambiente.

"Uma seca em suas águas! Eles vão secar. Pois é uma terra de ídolos, ídolos que enlouquecerão de terror" (Jeremias 50:38).

Ezequias aplicou este princípio quando estava sob o cerco dos assírios; ele desviou o curso de água para que os assírios não encontrassem água. Não havia como as forças inimigas estabelecerem um cerco prolongado sem que houvesse água disponível para os soldados.

Você se lembra do caso de três reis mencionados em 2 Reis 3, como eles não conseguiram encontrar água após uma marcha de sete dias e então concluíram que, a menos que o Senhor fizesse um milagre por eles, eles seriam derrotados? A seca é uma arma poderosa contra as forças inimigas, especialmente quando se trata de lutar contra os espíritos marinhos.

13). **O sangue do Cordeiro**

"E eles o venceram pelo sangue do Cordeiro e pela palavra do seu testemunho" (Apocalipse 12:11).

O sangue do Cordeiro não é apenas uma arma de defesa, mas também uma arma de ataque muito forte. Use o sangue do Cordeiro contra a formação das forças do mal reunidas contra você. Às vezes tudo que você precisa dizer é "o sangue de Jesus contra você".

14). **A Palavra do seu testemunho**

A palavra do seu testemunho é outra arma poderosa contra inimigos como dúvida, depressão, decepção, medo, etc. Ao contar a bondade do Senhor para com você, o que Ele fez por você no passado e o que você acredita que Ele fará para você, seus inimigos estão enfraquecidos e derrotados.

Capítulo 7

Nossa compostura

O soldado vitorioso é aquele que entra na batalha ciente de seus pontos fortes e fracos, ou seja, de seus pontos fracos e de seus pontos fortes. Ambos devem ser conhecidos e bem guardados para estarem em melhor posição para lutar. Além disso, sua abordagem na batalha determinará se você vencerá ou perderá, não importa quão sofisticadas sejam suas armas.

A primeira coisa que você deve entender nesta batalha é que você está lutando em uma posição de vitória. A Bíblia diz:

"...que ele exerceu em Cristo quando o ressuscitou dentre os mortos e o fez sentar à sua direita nas regiões celestiais, muito acima de todo governo e autoridade, poder e domínio, e de todo título que possa ser dado, não apenas no presente, mas também na que está por vir. E Deus colocou todas as coisas debaixo de seus pés e o constituiu cabeça sobre todas as coisas da igreja, que é o seu corpo, a plenitude daquele que tudo preenche em todos os sentidos...E Deus nos ressuscitou com Cristo e nos fez sentar com ele nas regiões celestiais em Cristo Jesus" (Ef 1:20-23, 2:6).

Se você está sentado com Cristo nos lugares celestiais e Cristo está muito acima dos principados e potestades, então você também está acima dos principados e potestades. Sua compreensão desta verdade determinará se você será ousado e corajoso ou se encolherá diante do inimigo.

Conheça os contratempos

"Porque Deus não nos deu o espírito de medo; mas de poder, e de amor, e de moderação" (2Timóteo 1:7, JFAA).

Deus lhe deu um espírito de poder, amor e uma mente sã, e não de medo. O apóstolo, ao contrastar a qualidade negativa do medo com três qualidades positivas, está dizendo que onde o medo estiver presente, as três qualidades contrastantes estarão ausentes. Ninguém que nutre medo pode realmente demonstrar o poder do Espírito Santo, nem pode demonstrar amor nem possuir uma mente sã.

Se você precisa manter um caráter de vencedor, há duas coisas com as quais você deve lidar no nível pessoal; medo e desânimo. Você terá a ver com o medo do homem. Medo do futuro. Medo de falhar. Medo da perda. Medo de rejeição. Medo do desconhecido. Alguns dos medos acima podem parecer genuínos, mas, no entanto, impedirão que você entre em uma vida vitoriosa de posse de tudo o que Deus tem reservado para você.

Agora ouço alguém perguntando como ele ou ela pode lidar com seus medos. Em primeiro lugar, compreenda a origem do medo; esse medo não é de Deus, mas do diabo. Quando você sentir o medo tomando conta de você, levante-se e repreenda-o no poderoso nome de Jesus e reivindique a ousadia que Deus lhe ofereceu pelo poder do Espírito Santo. A Bíblia diz: "O justo é ousado como um leão" (Provérbios 28:1).

O medo é um espírito, ao enfrentá-lo usando 2Timóteo 1:7 citado acima, personalize-o. É isso que lhe dará a vitória sobre o medo. Além disso, concentre-se em Deus e confie em Sua fidelidade. Tenha em mente que

Deus nunca pedirá que você se envolva em nada se Ele não for com você e mostrar o caminho. Ele não pedirá que você possua o que Ele não lhe deu.

O chamado de Deus para a batalha vem com o compromisso de Sua parte de fazer o impossível. Vem com um compromisso total de enfrentar, enfraquecer e derrotar o inimigo para você conquistar. O medo na sua vida bloqueará a sua visão do compromisso de Deus, ampliará as dificuldades e os potenciais do inimigo. Dá-lhe uma visão diminuída não apenas de si mesmo, mas também de seu Deus. O medo impede a liberação dos potenciais e incapacita até os mais capazes.

Em segundo lugar, você deve acabar com qualquer forma de desânimo. As principais formas de desânimo são a impaciência e a recusa de ir além da zona de conforto. Além disso, enfrentar o inimigo com sua própria força resultará em desânimo. Em cada batalha contra o inimigo há um papel que Deus desempenha para que a vitória seja conquistada e só Deus Ele pode fazê-lo. Quando você tenta fazer aquilo que somente Deus pode fazer, você se depara com o maior desânimo.

Ao longo da jornada de guerra de Israel ouvimos Moisés, diversas vezes, fazendo declarações como "E o Senhor fará com eles..."

"O Senhor os entregará a você..."

Outras fontes de medo e desânimo são

- Críticas

- Cinismo

- Falta de fé e confiança

- Concentrar-se no problema e não em Deus.

Sempre que você cede ao medo, você perde sua vitória. Quando você se recusa a acreditar e confiar em Deus, o medo toma conta do seu coração. Força interior e coragem são essenciais para viver vitoriosamente. O medo paralisa, a coragem catalisa! A qualquer momento, o que Deus exige de você é um coração forte e corajoso. O medo e o desânimo são saídas para a força, o poder e o bom senso. O que manterá sua força e coragem interior é saber que:

(i) Deus vai à sua frente em todas as batalhas

(ii) Deus estará com você em todas as batalhas

(iii) Deus nunca o abandonará nem o abandonará.

Outro revés

"Os oficiais dirão ao exército: "Alguém construiu uma casa nova e não a dedicou? Deixe-o ir para casa, ou ele pode morrer em batalha e outra pessoa se divertirá.

⁷ Alguém se comprometeu com uma mulher e não se casou com ela? Deixe-o ir para casa, ou ele pode morrer em batalha e outra pessoa se casar com ela. ⁸ Então os oficiais acrescentarão: "Alguém está com medo ou desanimado? Deixe-o ir para casa, para que seus irmãos não fiquem desanimados também. ⁹ Quando os oficiais terminarem de falar ao exército, nomearão comandantes para ele". (Deuteronômio 20:5-9)

Outro grande obstáculo possível às vitórias da vida cristã é a distração. E aqui acima encontramos várias razões legítimas pelas quais uma pessoa pode ir para a guerra distraída. É melhor; é um milhão de vezes melhor não travar nenhuma guerra do que enfrentar o inimigo com atenção dividida. Uma pessoa com todo o foco na guerra é muito mais forte do que cem pessoas com metade do foco na guerra.

"Alguém construiu uma casa... alguém plantou uma vinha... deixe-o ir para casa"

Nestas palavras, encontramos um grande obstáculo à guerra espiritual. Muitas pessoas que desejam estar totalmente envolvidas na guerra espiritual não o fazem por causa de seus investimentos nesta vida. Eles têm medo de atacar o inimigo ou sofrer perdas. É bom investir, mas se esse investimento exigir o mínimo de sua atenção, você ficará vulnerável à derrota. Coisas que trazem distração podem muito bem ser genuínas, mas limitarão sua capacidade de se tornar totalmente disponível para seu mestre.

Se você pesquisar a história cristã, descobrirá que aqueles que estiveram poderosamente envolvidos na guerra espiritual e saíram vitoriosos foram aqueles com pouco ou nenhum investimento nesta vida. Muitas vezes têm sido pessoas com pouco ou nenhum reconhecimento na sociedade, mas diante das quais todo o inferno treme quando se ajoelham.

"Alguém se comprometeu com uma mulher... deixe-o ir para casa..."

Aqui, com estas palavras, encontramos novamente outro princípio a ser considerado para eficácia na guerra espiritual. Nossos relacionamentos podem nos tornar fortes na batalha ou vulneráveis à derrota e ao fracasso. Qualquer relacionamento que faz com que você enfrente o diabo com uma atenção dividida é mortal. Um soldado distraído torna a si mesmo e a todo o seu exército suscetíveis à derrota. Você deve considerar cada relacionamento que você tem com base no fato de isso o tornar forte e pronto para enfrentar o inimigo ou o tornar fraco e vulnerável. Todo relacionamento pecaminoso o tornará vulnerável à derrota e ao fracasso lamentável.

"Alguém tem medo ou tem o coração fraco? ... deixe-o ir para casa para que seus irmãos não fiquem desanimados também"

Falamos sobre o medo e o desânimo como dois contratempos para viver vitoriosamente. A partir destas palavras vemos que o medo é perigosamente contagioso. O medo em um aspecto da sua vida logo espalha seus tentáculos para outras áreas, se não for tratado imediatamente.

"Alguém está com medo ou desanimado?"

Isto significa que não importa se aquele é um comandante de milhares, de centenas, de cinquenta ou de dezenas, não importa se ele é apenas um soldado comum combatente ou não-combatente. Enquanto você estiver desanimado, é melhor ir para casa. Assim, não importa quão significativa ou insignificante, forte ou fraca seja uma área da sua vida, se você permitir que o medo de qualquer grau tome conta dela, tenha certeza de que isso se espalhará como uma célula cancerosa para outras áreas da sua vida.

Para alguns, pode ser o medo da responsabilidade. Para outros, pode ser o medo do compromisso. Ainda assim, para alguns, é apenas o medo do incerto. Permitam-me dizer mais uma vez que o medo é perigosamente contagioso e deve ser eliminado assim que for identificado ou mostrar a sua face feia num aspecto ou noutro da sua vida.

Tudo o que foi dito nesta seção pode ser resumido em uma declaração significativa: a menos que você esteja pronto para sacrificar tudo de si e até mesmo morrer em batalha, você não está pronto para o confronto com Satanás e seus companheiros. Se existe algo tão precioso que você não pode desistir por causa da cruz, então suas mãos não podem ser treinadas para a batalha. É justamente aqui que muitos se desqualificam para a batalha. Eles não deixaram de pertencer ao Reino, mas o Rei não pode contar com eles como combatentes. As armas onipotentes do Céu só são eficazes nas mãos daqueles que se dedicam de todo o coração à batalha. Aqueles que depositaram tudo o que sabem que deveriam no altar do evangelho e qualquer coisa assim o Mestre pode exigir que seja depositado. Você está disposto a dar a sua vida na batalha contra a carne, o mundo e os demônios? Se sim, então todo o poder do céu está disponível para você e toda a criação obedecerá aos seus outros enquanto você enfrenta o inimigo na batalha.

Capítulo 8

Prepare-se para a vitória

"E quando o Senhor, seu Deus, os entregar a você e você os derrotar, então você deverá destruí-los totalmente. Não faças nenhum tratado com eles e não tenhas misericórdia deles" (Deuteronômio 7:2).

O segredo para uma vitória consistente nesta batalha sem fim é tratar os inimigos da sua herança em Cristo Jesus sem piedade ou misericórdia. Quais são os inimigos da sua plena herança em Cristo Jesus? O pecado, o mundo, a carne, as coisas do mundo, satanás e seus demônios. Um segredo para uma vida vitoriosa é que não deve haver compromisso entre você e nenhum dos inimigos. A solução para a carne é a crucificação. A solução para o mundo é a aniquilação. Embora você não seja capaz de aniquilar o mundo, você pode exterminar o amor do mundo e o amor pelas coisas do mundo do seu coração. O pecado deve ser impiedosamente arrancado do seu coração e, sempre que possível, do seu ambiente. Não permita que nada o prive de toda a sua herança. Nenhum inimigo tem o direito de compartilhar sua herança com você.

Cada inimigo no domínio de sua herança deve estar engajado na batalha e ser vencido. O inimigo com o qual você se compromete hoje irá privá-lo amanhã de sua herança completa, desviando-o de uma devoção sincera ao seu Deus. Satanás sabe muito bem que a Onipotência não pode estar disponível para aqueles que são indiferentes e por isso ele procura enfraquecer os crentes e o dano potencial que eles podem causar ao seu reino, atraindo-os para o compromisso.

O Senhor Deus advertiu os israelitas quando disse

"Mas se você não expulsar os habitantes da terra, aqueles que você permitir que permaneçam se tornarão farpas nos seus olhos e espinhos nas suas costas. Eles lhe causarão problemas na terra onde você viverá. 56 E então farei com vocês o que pretendo fazer com eles" (Números 33:55-56).

Aquele pecado em sua vida com o qual você não lidou é uma arma poderosa nas mãos do inimigo contra você. Aquela atitude da sua carne que você não matou é uma arma poderosa nas mãos do diabo. Esse amor pelo mundo e pelas coisas do mundo com as quais você não lidou é uma arma que você está entregando ao inimigo para matá-lo. Satanás entende os princípios espirituais e por isso procura nos colocar em uma situação em que as leis que governam o conflito funcionem contra nós (v56).

É verdade que Deus nunca será contra os Seus filhos, mas as leis que Ele estabeleceu para governar este universo, que não podem ser violadas, serão postas em ação contra aquele que as violar. Uma vez que o mundo, a carne e Se o pecado for resolvido, Satanás e seus demônios não terão possibilidade de infligir danos.

Sendo cuidadoso
"Tenha cuidado, ou você será levado a se afastar e adorar outros deuses e se curvar diante deles. Então a ira do Senhor se acenderá contra vocês..." (Deuteronômio 11:16-17a).

Nesta nossa batalha vitalícia, o Senhor espera que você e eu tenhamos cuidado e cautela na maneira como vivemos e interagimos. Ele espera que tomemos as medidas preventivas necessárias, sendo observadores e vigilantes. Ele espera que estabeleçamos limites e respeitemos esses limites. Por que? Porque satanás procura sempre enfraquecer-nos e tornar-nos vulneráveis através da subtileza do pecado, da carne e do mundo.

Ser seduzido significa ser seduzido. Significa ser enganado e arrastado para algo de maneira sutil. Significa ser levado a algo sem perceber quando e como isso aconteceu. Para manter a disposição de vencedor, você deve ter cuidado com seus relacionamentos. Você deve ter cuidado com a forma como interage. Você deve ter cuidado com quem você permite entrar em seu ambiente espiritual. Você deve ter cuidado com quem recebe presentes e serviços gratuitos. Você deve ter cuidado com quem demonstra cuidado e preocupação. Qualquer uma das opções acima pode levá-lo à adoração do deus de Mammon, do deus do sexo, do deus da moda e do deus da fama e do poder.

Você deve aceitar pessoas, coisas, ofertas, oportunidades e ideias com base no fato de elas o levarem para mais perto de Deus e de Seus planos para sua vida ou para longe Dele e de Seus planos para sua vida. Qualquer coisa ou pessoa que afaste seus pensamentos de Deus deve ser rejeitada. Qualquer coisa ou pessoa que afaste seu coração de Deus deve ser julgada e rejeitada. Qualquer coisa que o afaste de uma devoção e serviço sincero a Deus deve ser rejeitada.

Quero que você entenda que existem algumas ofertas que são apenas testes de Deus. Existem algumas oportunidades que são apenas testes de Deus. Eles vêm para testar seu compromisso e consagração. Não se torne um oportunista que simplesmente se mete em qualquer coisa ou aceita qualquer coisa por causa das possibilidades que isso oferece. Você deve pesá-los à luz de seus valores eternos.

Em Deuteronômio 13:1-5, vemos que a sentença contra qualquer pessoa ou qualquer coisa que procure desviar seu foco de Deus é a pena de morte. Essa coisa ou indivíduo deveria deixar de existir no que diz respeito ao seu mundo. Considere-o morto, não importa quão querido, próximo e precioso essa coisa ou pessoa possa ser para você. Não demonstre nenhuma piedade em torná-lo inexistente em seu mundo. Isso não implica prejudicar fisicamente a coisa ou pessoa, mas que você a retire do seu coração. Separe-se dele o mais longe possível. Pois esta é uma questão de vida ou morte, sucesso ou fracasso, vitória ou derrota.

Poder na pureza

"Quando você estiver acampado contra seus inimigos, mantenha-se longe de tudo que é impuro" (Deuteronômio 23:9).

Dissemos anteriormente que a vida cristã é uma vida de guerra contínua. Assim, o nosso é um acampamento permanente contra múltiplos inimigos com diversas rotas de ataque; o pecado, o mundo, as coisas do mundo, a carne, os demônios, satanás, a pobreza, a doença, etc. Para manter o caráter de vencedor, deve haver pureza moral e física. A pureza tem poder, ou melhor ainda, a pureza é poder! A impureza física e moral, especialmente, torna um soldado em guerra vulnerável à derrota, pois isso enfraquece o seu mecanismo de defesa espiritual e reduz o potencial das suas armas.

A pureza obriga o céu a se alinhar com você na batalha!

A pureza obriga a natureza a responder aos seus chamados e obedecer às suas ordens!

A pureza fornece uma habitação para Deus!

Existem impurezas do corpo, impurezas da alma e impurezas do espírito. Você fará bem em se manter afastado de tudo que possa obviamente contaminá-lo. Está escrito,

"Já que temos essas promessas, queridos amigos, purifiquemo-nos de tudo que contamina o corpo e o espírito, aperfeiçoando a santidade por reverência a Deus" (2 Coríntios 7:1).

"E o próprio Deus da paz vos santifique em tudo; e rogo a Deus que todo o vosso espírito, alma e corpo sejam preservados irrepreensíveis até a vinda de nosso Senhor Jesus Cristo" (1 Tessalonicenses 5:23, JFA).

Satanás sabe que há poder na pureza

Quando Israel saiu do Egito, o rei de Moabe pediu a Balaão que amaldiçoasse os israelitas para que ele pudesse enfrentá-los na batalha e derrotá-los. As profecias de Balaão durante este evento revelam tremendas verdades relativas à guerra espiritual. Prestemos muita atenção a alguns versículos relativos ao assunto que estamos examinando agora.

"Dos picos rochosos eu os vejo, das alturas eu os vejo. Vejo um povo que vive separado e não se considera uma das nações" (Números 23:9).

A primeira lição que podemos aprender sobre pureza é que ela começa com a atitude. Você deve se ver como alguém que foi separado do mundo, separado por Deus. A menos que você tenha essa atitude, você não será capaz de se manter longe daquelas coisas que contaminam.

Quando você se vê separado, não cederá a qualquer pressão do mundo para se encaixar em seu molde. As nações estavam envolvidas em todos os tipos de lascívia e atos que contaminam o corpo, a alma e o espírito. Para que Israel permanecesse puro ele tinha que se ver diferente das nações; suas paixões, valores, maneiras e ações.

A segunda lição aqui é esta: "Ele não viu iniquidade em Jacó, nem viu perversidade em Israel: o Senhor seu Deus está com ele, e a aclamação de um rei está entre eles" (Números 23:21, JFA).

Quando Deus não vê a iniqüidade em sua vida, quando você mantém qualquer coisa de natureza perversa longe de sua vida, o resultado é que Deus estará com você. E quando Deus está com você, Seu grito de vitória obviamente será ouvido em sua vida. A pureza torna você forte na batalha porque Deus fica do lado dos puros de coração.

Porque Deus não encontra iniqüidade em Israel, nenhuma feitiçaria, encantamento, adivinhação, encantamento ou presságio feito contra ele terá sucesso. Hoje em dia, o número de pessoas activamente envolvidas em bruxaria e outras práticas satânicas está a aumentar rapidamente. Estes procuram enfraquecer os crentes através de todos os meios possíveis. No entanto, assim como aconteceu com Israel, assim será com você, não importa quantos milhares de demônios sejam libertados através desses feitiços e encantamentos. Deixe que um milhão de demônios sejam liberados contra você, o escudo da pureza ao seu redor os colocará em fuga, pois "a justiça guarda o homem íntegro" (Provérbios

13:6). Se você precisa viver fora do alcance de Satanás e de seus demônios e agentes humanos, viva uma vida pura.

"Eis que o povo se levantará como um grande leão, e se exaltará como um leãozinho; não se deitará até que coma a presa e beba o sangue dos mortos" (Números 23:24, JFA).

Esse é o tipo de poder disponível aos puros, o poder de uma Leoa e o poder de um Boi selvagem. Lembre-se de que, porque Moabe sabia que, enquanto Israel se mantivesse puro, qualquer tentativa de envolvê-los na batalha seria um fracasso e uma derrota. Por meio do conselho de Balaão, eles recorreram para seduzir Israel à adoração de ídolos e à imoralidade sexual. Isto derrubou o seu muro de defesa, incapacitou-os e estabeleceu as leis do conflito espiritual contra Israel.

Satanás tem medo de atacar qualquer filho de Deus e por isso ele só pode apelar através da carne para levá-lo a uma posição onde as leis da natureza e o conflito espiritual comecem a trabalhar contra você. Este é o único momento em que ele pode ter vantagem, especialmente quando você falha em reconhecer rapidamente o seu pecado e se arrepender dele. Essa é mais uma razão pela qual você deve trabalhar para não se entregar ao pecado. Imediatamente você se encontra em uma confusão, arrepende-se e corta o chão sob o inimigo para que ele não tenha motivos para acusação.

Mantenha-se em sintonia com o Espírito

Para manter uma disposição de vencedor neste conflito contra múltiplos inimigos com múltiplas vias de ataque, você precisa se manter em sintonia com o Espírito Santo. Tudo isso é importante e determina se você enfrentará a derrota ou a vitória nas batalhas da vida. Eu pessoalmente experimentei várias derrotas quando não consegui responder à voz do Espírito Santo dentro de mim. Sua liderança é sua única garantia de vitória.

"Lembre-se do que os amalequitas fizeram com você no caminho, quando você saiu do Egito. 18 Quando você estava cansado e esgotado, eles o encontraram no caminho e eliminaram todos os que ficaram para trás; eles não tinham temor de Deus. 19 Quando o Senhor, o seu Deus, lhe der descanso de todos os inimigos ao seu redor, na terra que ele lhe dá para possuir como herança, você apagará a memória de Amaleque de debaixo do céu. Não esqueça!" (Deuteronômio 25:17-19)

Ficar para trás é estar fora de sintonia com o Espírito Santo. Quando um homem está fora de sintonia com o Espírito Santo, ele pode estar ficando para trás ou pode ter corrido à frente do Espírito Santo. Ambas as situações são perigosas e tornam você vulnerável à derrota. Momentos de cansaço espiritual, físico ou moral são momentos muito vulneráveis. É quando Amaleque ataca com mais facilidade e mais força.

Amaleque é qualquer coisa que esteja no seu caminho para uma vida vitoriosa, qualquer coisa que procure impedi-lo de entrar na plenitude da sua herança. Se alguma vez você deve estar atento, é quando se sente cansado em qualquer área de sua vida. Tais momentos de desafio devem levá-lo a se apegar mais ao Espírito Santo. A tentação durante esses momentos de cansaço é interromper a linha de comunicação com o Céu.

Se você precisa se manter em sintonia com o Espírito Santo, deve haver um compromisso de agir quando Deus quer que você aja, onde Ele quer que você aja e como Ele quer que você aja. Quando você falha ou se recusa a agir quando Deus lhe dá a oportunidade, essa janela pode ficar fechada por muito tempo ou permanentemente fechada. Ele pode esperar que você aja mesmo quando há a oposição mais feroz que alguma vez pode existir numa situação, quando as dificuldades e impossibilidades são mais evidentes. Posso dizer mais uma vez que há momentos em que uma janela de oportunidade projetada pelo Sprit se fecha se não for aproveitada. Esta é mais uma razão pela qual você deve se comprometer a agir de acordo com os ditames do Espírito Santo e não da carne.

Armas com o apoio de Deus realizarão muito, mas essas mesmas armas sem o Seu apoio não valerão nada. Dons com a unção de Deus realizarão o extraordinário, mas esses mesmos dons sem a Sua unção não valerão nada. Os talentos com a unção produzirão resultados impressionantes, mas esses mesmos talentos no poder da carne impedirão a obra de Deus. E a unção de Deus só está disponível quando ele lidera.

Cada capacidade, capacidade ou habilidade produzirá resultados significativos somente através de Deus. Não há maior arrogância e presunção do que entrar em algo sabendo muito bem que Deus não irá com você. Não há loucura maior do que enfrentar o inimigo, não importa quão pequeno seja o poder de sua carne corrupta. O maior favor que você pode fazer em momentos de incerteza é esperar pela Sua presença e precedência. O que faz a diferença não é a natureza ou a magnitude das suas armas, zelo e determinação, mas a presença acompanhante de Deus. Não se dê ao luxo de cometer o mesmo erro que os israelitas cometeram:

"Então vocês responderam: "Pecamos contra o Senhor. Subiremos e lutaremos, como o Senhor, nosso Deus, nos ordenou". Então cada um de vocês colocou suas armas, pensando que seria fácil subir até a região montanhosa. Mas o Senhor me disse: "Diga-lhes: 'Não subam e lutem, porque não estarei com vocês. Vocês serão derrotados pelos seus inimigos'. Então eu lhes disse, mas vocês não quiseram ouvir. Vocês se rebelaram contra a ordem do Senhor e, em sua arrogância, marcharam para a região montanhosa. Os amorreus que viviam naquelas colinas vieram contra vocês; eles os perseguiram como um enxame de abelhas. e derrotaram vocês desde Seir até Hormá. Vocês voltaram e choraram diante do Senhor, mas ele não prestou atenção ao seu choro e fez ouvidos surdos para vocês. E assim vocês permaneceram em Cades muitos dias, todos o tempo que você passou lá" (Deuteronômio 1:41-46)

Esteja na ofensiva
O que vamos dizer aqui será baseado no salmo décimo oitavo. Citaremos aqui apenas os versículos de que necessitamos, mas lhe fará bem ler o salmo inteiro.

Do Egito a Canaã, os israelitas estiveram sempre na ofensiva contra os seus inimigos. O fato de que devemos estar em sintonia com o Espírito Santo não significa que você simplesmente cruzará os braços e não fará nada. O Espírito Santo não lhe dirá para fazer as coisas que você já sabe que deveria fazer, ou seja, não espere ser levado a orar antes de orar. Não espere ser levado a testemunhar antes de testemunhar. É verdade que há momentos em que Ele irá levá-lo a orar por uma situação específica ou a testemunhar a uma pessoa específica, mas esta não é a regra. Você deve estar atento a possíveis alvos inimigos para confrontar com o poder do Espírito Santo sob sua liderança.

Você terá que tomar a ofensiva, tudo o que você precisa é da garantia da presença e do apoio de Deus.

Depois que você enfrentar uma situação e tiver a luz verde do Seu apoio para seguir em frente, Ele o restringirá quando e se necessário.

Como o salmista que disse: "Com a tua ajuda posso avançar contra uma tropa; com o meu Deus posso escalar um muro" (Salmo 18:29), diariamente você deve solicitar e se apropriar da presença e do companheirismo para poder superar todas as barreiras do inimigo enquanto almoça sua ofensa contra ele.

Atacar uma tropa significa entrar no campo inimigo, escalar quaisquer paredes de defesa, invadir os pátios da prisão e libertar os cativos. É hora de passar da defensiva para a ofensiva.

Como se apropriar da vitória
"Persegui os meus inimigos e os alcancei; Eu não voltei até que eles foram destruídos. Eu os esmaguei para que não pudessem se levantar; caíram debaixo dos meus pés" (Salmos 18:37-38).

1. esteja na ofensiva:

"Eu persegui meus inimigos..." você deve estar na ofensiva contra o pecado, a carne, a doença, o mundo, os demônios e tudo o que tem a ver com o inimigo, primeiro em sua vida e depois em seu ambiente. O pecado deve ser eliminado de sua vida; a doença deve ser expulsa, o mundo deve ser exterminado do seu coração e os demônios expulsos. Então você será capaz de enfrentar o inimigo em seu ambiente.

2. Dê tudo de si:

"Eu não voltei até que eles foram destruídos". Você deve entrar em todas as batalhas para não recuar até que o inimigo não seja apenas derrotado, mas totalmente destruído. Uma vez que você tenha qualquer possibilidade de voltar atrás antes que o inimigo seja derrotado e destruído, a vitória não poderá ser conquistada. Portanto, assuma a atitude não apenas de persistir, mas também de vencer – vitória ou sem volta!

3. Vá para a aniquilação completa:

"Eu os esmaguei para que não pudessem se levantar." A vitória não está garantida sobre esse inimigo específico até que não haja absolutamente nenhuma possibilidade de o inimigo se levantar novamente. O inimigo derrotado, mas não aniquilado, recuperará forças e se levantará novamente para enfrentá-lo desta vez com uma resistência muito mais forte. Assim, ao lidar com o pecado, o mundo ou a carne, lide com eles desde a raiz, arrancando e queimando todos os vestígios da sua vida.

Capítulo 9

Sua contra-estratégia

Como podemos manter a vitória que Deus nos deu? Como podemos continuar a lutar a partir de uma posição de vitória? Esta seção destina-se apenas a isso, não como podemos obter a vitória, mas como podemos manter e continuar a manter a vitória.

1). **Inocência sobre o mal**:

O Senhor Jesus, ao enviar Seus discípulos, disse-lhes para serem "inocentes como pombas" (Mateus 10:16). Sobre o que eles deveriam ser inocentes? Encontramos a resposta em Romanos. O Apóstolo Paulo escreveu aos Romanos dizendo: "Mas quero que sejais sábios sobre o que é bom e inocentes sobre o que é mau" (Romanos 16:19). Trabalhe para ser inocente em relação ao mal. Isso significa que você deve fazer tudo para evitar aprender o mal. Evite assistir filmes ou ir a lugares ou manter a companhia de pessoas que irão expô-lo ao conhecimento do mal.

Ser inocente, conforme usado aqui, significa três categorias de coisas:

eu). não contaminado pelo pecado; irrepreensível, puro; ignorante do mal.

ii). Livre de qualidades que possam prejudicar ou ferir

iii). Falta de conhecimento mundano.

É assim que o salvador quer que sejamos. O conhecimento do mal não lhe dá vitória sobre o mal, mas, em vez disso, torna-o vulnerável. As intenções originais de Deus estavam ligadas à inocência do homem em relação ao mal, mas assim que o homem se tornou consciente da possibilidade do mal, o seu coração tornou-se inclinado para o mal o tempo todo.

2). **Auto-controle**:

"Tenha autocontrole…" (1 Pedro 5:8)

O autocontrole é definido como o ato, poder ou hábito de ter as faculdades ou energias sob o controle da vontade (Funk e Wagnals).

Aqui, as faculdades referem-se a qualquer modo de comportamento corporal ou mental como implicando uma dotação natural ou poder adquirido, por exemplo. Ver, sentir, raciocinar etc.

Você precisa controlar as coisas que vê, ouve, pensa ou imagina. Você precisa ter domínio sobre seus sentimentos. Você precisa controlar sua fala. Quero que você entenda que para manter sua vitória você deve exercer autocontrole.

Alguns fatos sobre autocontrole
é para todos os crentes:

"Ensinem os homens mais velhos a serem temperantes, dignos de respeito, autocontrolados e sólidos na fé, no amor e na perseverança. Da mesma forma, ensine as mulheres mais velhas a serem reverentes no modo como vivem, a não serem caluniadores ou viciados em muito vinho, mas para ensinar o que é bom. 4 Então elas poderão treinar as mulheres mais jovens para amarem seus maridos e filhos, 5 para serem autocontroladas e puras, para serem ocupadas em casa, para serem gentis e sujeitas a seus maridos, para que ninguém difame a palavra. de Deus. Da mesma forma, encoraje os jovens a terem autocontrole" (Tito 2:2-6).

Da passagem acima vemos que os crentes, independentemente da sua idade ou sexo, são ordenados a exercer autocontrole. O comando é para homens mais velhos, mulheres mais velhas, homens mais jovens e mulheres mais jovens.

é indispensável para a liderança:

"Ora, o superintendente deve ser irrepreensível, marido de uma só mulher, temperante, controlado, respeitável, hospitaleiro, apto para ensinar" (1 Timóteo 3:2).

"Em vez disso, ele deve ser hospitaleiro, alguém que ama o que é bom, que é autocontrolado, reto, santo e disciplinado" (Tito 1:8).

O autocontrole é indispensável para qualquer pessoa que aspira à liderança cristã. Você precisa estar sob controle para ajudar os outros a adquirir autocontrole e manter as coisas sob controle.

a falta de autocontrole torna você vulnerável:

"Como uma cidade cujos muros estão derrubados é o homem que não tem autocontrole" (Provérbios 25:28).

"Não se privem, exceto por consentimento mútuo e por um tempo, para que possam se dedicar à oração. Então reúnam-se novamente para que Satanás não os tente por causa de sua falta de autocontrole" (1 Coríntios 7:5).

 Nos tempos antigos, a força de uma cidade era medida pela força das suas muralhas. Aquele sem qualquer muro era vulnerável ao ataque de quaisquer forças invasoras. Aqui, a Bíblia compara o autocontrole aos muros de uma cidade. Diz a você que sem autocontrole você e eu nos tornamos totalmente vulneráveis aos ataques de satanás. Você não tem autocontrole? Então você fica totalmente vulnerável à derrota. A falta dela expõe você às tentações da carne e do diabo.

prepara você para a ação:

"O fim de todas as coisas está próximo. Portanto, tenham a mente clara e o autocontrole para que possam orar" (1 Pedro 4:7).

"Portanto, preparem suas mentes para a ação; ser autocontrolado; Coloquem toda a sua esperança na graça que lhes será dada quando Jesus Cristo for revelado" (1 Pedro 1:13).

Quando temos autocontrole, podemos orar, estamos preparados para a ação, prontos para nos movermos com o Espírito de Deus.

Como adquirir autocontrole
A Bíblia nos instrui: "Por isso mesmo, faça todo esforço para acrescentar bondade à sua fé; e para o bem, o conhecimento; 6 e ao conhecimento, autocontrole; e ao autocontrole, perseverança; e à perseverança, piedade; 7 e à piedade, a fraternidade; e à bondade fraternal, o amor" (2 Pedro 1:5-7).

Agora você vê a posição que o autocontrole ocupa nessa árvore de virtudes. Sem ela não há como agregar as outras virtudes. Porém, embora seja indispensável, não está disponível no mercado para você e eu comprarmos. É uma parte do fruto do Espírito (Gálatas 5:23). Ao garantirmos viver uma vida cheia do Espírito, seremos capazes de exercer autocontrole.

3). **Prontidão**

"Portanto, não sejamos como os outros que dormem, mas estejamos alertas e controlados" (1 Tessalonicenses 5:6).

"Esteja atento..." (1Coríntios 16:13).

Para manter sua vitória, você deve estar atento, atento e pronto para ações repentinas. Você deve estar vigilante contra a influência do mundo sobre você, contra as artimanhas e esquemas de Satanás.

Nunca se envolva em nada que o torne impróprio para ações repentinas ou que impeça sua capacidade e disposição de ser vigilante e vigilante. A pergunta que todos devemos nos fazer ao mesmo tempo é "quais são as coisas que podem me fazer perder minha disposição vigilante?"

Voltemos ao Livro para examinar algumas dessas coisas:

"Venham, todos vocês, feras do campo, venham e devorem, todos vocês, feras da floresta! Os vigias de Israel são cegos, todos carecem de conhecimento; são todos cães mudos, não podem latir; eles ficam deitados e sonham, adoram dormir. São cães com grande apetite; eles nunca têm o suficiente. São pastores que carecem de entendimento; todos eles seguem seu próprio caminho, cada um busca seu próprio ganho. "Venham", grita cada um, "deixe-me pegar vinho! Vamos beber até nos fartar de cerveja! E amanhã será como hoje, ou até muito melhor" (Isaías 56:9-12).

O que representam os animais do campo? Inimigos do rebanho de Deus, Seu povo! Eles têm um convite para devorar e causar estragos quando os vigias – aqueles chamados para serem vigilantes:

-são cegos

-Falta conhecimento

-Não pode latir

Primeiro, o trabalho do vigia é ver o perigo chegando e alertar as pessoas. Seu dever é permanecer na brecha entre o perigo e as pessoas. Portanto, se os vigias fossem cegos, o perigo passaria despercebido e atingiria o povo sem aviso prévio. Em segundo lugar, a função do vigia é conhecer a situação – as coisas que estão acontecendo no meio das pessoas pelas quais ele é chamado a zelar. Esse conhecimento o orienta sobre como orar e quando falta, o vigia não consegue ser eficaz. O latido do vigia tem como objetivo afastar intrusos e invasores. É um sinal para as pessoas de que há algo estranho no meio ambiente. Quando os vigias não conseguem latir, os intrusos circulam livremente e sem impedimentos, sem qualquer medo de alarme.

Por que os vigias falham? Por que eles são cegos? Por que eles não podem latir?

i. Eles ficam deitados e sonham:

Isso fala de nada além de facilidade e distração. Eles não estão conscientes da sua responsabilidade e por isso só podem sonhar acordados. Qualquer amante da facilidade e qualquer pessoa que não tenha foco não pode estar atento.

ii. Eles adoram dormir:

A preguiça e o amor ao sono são outra causa da falta de vigilância. Se alguém que é chamado a ficar acordado e alerta adora dormir, então não conseguirá manter a guarda. Existe um homem assim que decidiu dormir no meio da guerra (rei Saul, ver 1 Samuel 26). Em vez de ficar vigilante ele foi dormir e com certeza seu inimigo, "Davi pegou a lança e o jarro de água perto da cabeça de Saul, e eles foram embora" (1Samuel 26:12).

Você foi despojado de sua arma e sustento por causa do amor ao sono? Você é como Saulo, à mercê do seu inimigo? Por quanto tempo você continuará dormindo? Há um ditado inglês que diz "deixe o cão dormir dormir", mas a Bíblia diz: "Desperta, tu que dormes, e ressuscita dentre os mortos" (Efésios 5:14).

iii. Eles têm apetites poderosos:

Isso nada mais é do que o amor pela comida. Ninguém que seja amante da comida consegue vigiar com êxito. O amor pela comida é uma renúncia ao estado de alerta e vigilância.

iv. Eles nunca têm o suficiente:

Aquele que não tem contentamento correria mesmo atrás das ofertas do inimigo. O cão de guarda que não está satisfeito com o que o seu dono lhe oferece, se distrairá com o que o inimigo lhe lança para ter acesso enquanto ele se ocupa. A falta de contentamento é a causa da derrota e da ruína de tantas vidas. Se me permite fazer uma pergunta, você está satisfeito? Você tem a joia rara do contentamento cristão ou é um daqueles que anseiam por mais e mais sem restrições?

v. Eles não têm compreensão:

Todos nós precisamos entender os tempos que vivemos para estarmos alertas. Precisamos entender os eventos que estão acontecendo. A falta desse entendimento fará com que deixemos de estar alertas.

vi. Todos eles seguem seus próprios caminhos:

Você se lembra daquela famosa passagem em Isaías 53? "Todos nós, como ovelhas, nos desviamos, cada um seguindo o seu caminho..." (v6). Quando seguimos nossos próprios caminhos, para fazer as coisas que escolhemos para nós mesmos, perdemos a capacidade de estar alertas, prontos para a ação. Não há engano maior do que um homem que segue seus próprios caminhos e ainda assim pensa que ainda está no caminho certo, enquanto está tão longe de onde Deus quer que ele esteja quanto o Oriente está do Ocidente.

vii. Cada um busca seu próprio ganho:

Somos chamados a "buscar primeiro o Seu Reino e a Sua justiça". Quando corremos atrás de ganho pessoal, desviamos nosso foco Dele para nós mesmos e para as coisas que buscamos. Receio que, assim como os crentes da igreja primitiva permitiram que o diabo se infiltrasse muito rapidamente na igreja, a igreja moderna esteja fazendo isso a um ritmo alarmante porque "cada um cuida dos seus próprios interesses e não dos de Jesus Cristo" (Filipenses 2:21). Todos parecem estar buscando ganhos pessoais e a igreja parece estar em uma divisão, sem qualquer disposição para proteger o território conquistado. Você está atento para garantir que os interesses de Cristo por meio da cruz sejam buscados e nada mais? Caso contrário, você não poderá estar verdadeiramente alerta.

viii. Amor ao prazer (v 12):

O amante do prazer não pode estar vigilante. Nada esgota a energia espiritual e a capacidade de vigiar tanto quanto o prazer. Você quer estar alerta? Então afaste-se do amor ao prazer e à frivolidade. Não se entregue a uma vida que busca satisfação no prazer. A oração é uma forma de exercitar o estado de alerta; "E ore no Espírito em todas as ocasiões com todos os tipos de orações e pedidos. Tendo isso em mente, estejam alertas e continuem orando sempre por todos os santos" (Efésios 6:18).

Devemos orar e continuar orando para manter nosso território conquistado. Devemos também estar alertas para a vinda do Rei: "Ninguém sabe daquele dia ou hora, nem os anjos do céu, nem o Filho, mas somente o Pai. quando esse tempo chegar" (Marcos 13:32-33). Viver na consciência de Seu retorno eminente o ajudará a permanecer acordado e alerta, preparado para encontrá-Lo. Saiba que seu Mestre está voltando novamente, e que Ele está vindo breve.

4). **Resistindo ao diabo**

"Sujeitem-se, então, a Deus. Resistam ao diabo, e ele fugirá de vocês" (Tiago 4:7).

"Resisti-lhe, permanecendo firmes na fé, porque sabeis que os vossos irmãos em todo o mundo estão passando pelo mesmo tipo de sofrimento" (1Pedro 5,9).

Fomos ordenados a resistir ao diabo, o que significa que temos que agir contra ele, com o propósito de parar, prevenir e derrotar as atividades e planos de satanás. A palavra grega usada em ambos os versículos acima é "anthistemi", que é uma composição de duas outras palavras gregas: "anti" que significa contraste e "histemi" que significa permanecer. (ver 436, 473 e 2476 do dicionário grego na concordância exaustiva de Strong). Assim, fala de oposição ativa ao diabo. No próximo capítulo, vamos discutir algumas estratégias para resistir ao diabo.

Capítulo 10

Sua contra-estratégia - 2

Como resistir ao diabo
i). **Através do conhecimento de Deus:**
"Com lisonja ele corromperá aqueles que violaram a aliança, mas o povo que conhece o seu Deus resistirá firmemente a ele" (Daniel 11:32).

Há momentos em que o diabo só pode usar lisonja e sutileza para ganhar terreno. As únicas pessoas que serão capazes de resistir a ele são aquelas que conhecem o seu Deus. A palavra hebraica usada para "conhecer" aqui é "yada", que é a mesma palavra usada para descrever o relacionamento sexual entre um homem e uma mulher. (3045, dicionário hebraico de Strong). Assim, o "saber" aqui não é um conhecimento mental, mas o da verdadeira intimidade com

Deus. Este é o tipo de conhecimento que oferece firme resistência à lisonja e ao engano de Satanás.

É a mesma palavra usada em Jeremias 9:24. Deus se deleita em sabermos que Ele é alguém que expressa bondade, justiça e retidão. Sua bondade inclui Sua misericórdia, compaixão, ternura, bondade, etc. Ele quer que O conheçamos como Aquele que busca o que é melhor para nós. Ele quer que saibamos que Ele não é um Deus austero, um capataz implacável. Isso o ajudaria a resistir às mentiras do diabo, que podem sugerir que Deus não o ama nem se importa com o seu bem-estar.

Conhecê-Lo em Sua justiça fará com que você entenda que Ele nunca violará Seus princípios de justiça revelados em Sua Palavra eterna. Permite que você saiba que cada palavra Dele que expressa Seu julgamento sobre o pecado acontecerá. Isso fará com que você saiba que qualquer um que continuar no pecado colherá as consequências da condenação eterna. Isto irá impedi-lo de acreditar nas mentiras do inimigo que dizem que Deus é tão gentil e generoso para mandar alguém para o inferno. Conheça-O em Sua justiça, que tudo o que Ele faz é justo, que Ele é um Deus em quem não há pecado ou injustiça. Conheça o seu Deus!

ii). Através da submissão a Deus:

"Sujeitem-se, então, a Deus. Resista ao diabo e ele fugirá de você. (Tiago 4:7).

Ao se entregar humildemente a Deus em submissão aos Seus planos e obras em sua vida, você estará se opondo aos planos de Satanás para você e, portanto, resistindo a ele.

iii). Através da intimidade com Deus:

"Aproxime-se de Deus e Ele se aproximará de você" (Tiago 4:8a).

Aproximar-se de Deus significa aproximar-se e ter intimidade com Ele.

iv). Através da pureza de coração:

"Lavem as mãos, pecadores, e purifiquem os seus corações, vocês que têm coração dobre" (Tiago 4:8b).

Lembre-se de que dissemos que a principal função do diabo é nos acusar diante do Pai. À medida que purificamos nossos corações e vivemos vidas puras, cortamos o chão sob seus pés, resistindo-lhe, ou seja, opondo-nos ativamente a ele.

5). Permanecer firme na sua fé

"Resisti-lhe, permanecendo firmes na fé, porque sabeis que os vossos irmãos em todo o mundo estão passando pelo mesmo tipo de sofrimento" (1 Pedro 5:9).

"Portanto, meus queridos irmãos, permaneçam firmes. Não deixe que nada o mova. Sempre se entreguem totalmente à obra do Senhor, porque vocês sabem que o seu trabalho no Senhor não é em vão" (1 Coríntios 15:58).

"Esteja em guarda; permaneça firme na fé; sejam homens de coragem; sede fortes" (1 Coríntios 16:13).

Permanecer firme e não ser movido por nada requer força e coragem. Devemos permitir que o Espírito nos encha todos os dias e nos inspire a ser ousados como Ele fez com os apóstolos do passado. Se há uma coisa que você deve saber é que permanecer firme não é uma opção, mas uma obrigação. Está escrito que "se você não permanecer firme em sua fé, você não permanecerá firme". (Isaías 7:9b). Então, ou você está firme ou não está! Não há meio termo.

Você está firme? É uma obrigação se você quiser continuar a se opor (resistir) à obra de satanás.

Por que você deve permanecer firme

"Não tenha medo. Fique firme e você verá o livramento que o Senhor lhe trará hoje. Os egípcios que você vê hoje, você nunca mais verá" (Êxodo 14:13).

"Você não terá que lutar esta batalha. Assumam suas posições; permaneçam firmes e vejam o livramento que o Senhor lhes dará, ó Judá e

Jerusalém. Não tenha medo; Não seja desencorajado. Amanhã saia para enfrentá-los, e o Senhor estará com você" (2 Crônicas 20:17).

Como eu disse antes, permanecer firme requer certas virtudes: falta de medo, coragem e força.

Significará confrontar o inimigo quando necessário. E ao fazer isso, a libertação certamente virá. Você enfrentará a fortaleza do inimigo em sua vida? Você reunirá coragem e obterá sua libertação?

- permanecer firme traz grande vitória

"10 mas ele se manteve firme e derrotou os filisteus até que sua mão se cansou e congelou na espada. O Senhor trouxe uma grande vitória naquele dia... 12 Mas Shammah se posicionou no meio do campo. Ele a defendeu e derrotou os filisteus, e o Senhor trouxe uma grande vitória" (2 Samuel 23:9-12).

A igreja hoje precisa de Eleazares e Shammahs, homens e mulheres que se mantenham firmes quando todas as outras pessoas estiverem recuando. A igreja precisa de homens e mulheres corajosos que se mantenham firmes no meio de cada batalha para preservar o território já conquistado para Deus, para dar a vitória diária sobre as forças invasoras do inferno.

Como permanecer firme
i)   *Decidindo*:

"Portanto, permaneçam firmes e não se deixem novamente oprimir pelo jugo da escravidão" (Gálatas 5:1).

Você tem que decidir permanecer firme e não se deixar levar por qualquer engano do inimigo. "Não deixe..." significa que está em seu poder continuar firme ou desistir. Apoie-se nas promessas de Deus (Palavra): "Ele me tirou do poço viscoso, da lama e do lamaçal; ele colocou meus pés sobre uma rocha e me deu um lugar firme para ficar de pé." (Sl 40:2). Qual é esse lugar firme para se firmar? A palavra de Deus! Qualquer outra coisa em que você pisar será lodo e lama. O único lugar seguro para permanecer firme é a palavra escrita e falada de Deus. Você quer permanecer firme? Então permaneça firme nas promessas de Deus e somente nelas.

A possibilidade de alguém permanecer firme depende do tipo de lugar ou superfície em que se encontra. Todo esforço para permanecer firme no lodo ou na lama será uma perda de tempo.

ii)   *Segure o que você sabe*:

"Portanto, irmãos, permaneçam firmes e guardem os ensinamentos que lhes transmitimos, seja por palavra, seja por carta" (2 Tessalonicenses 2:15)

Para permanecer firme, você deve apegar-se à verdade e à sã doutrina ensinadas. Rejeitar qualquer verdade revelada é começar a se afastar. Está escrito em algum lugar: "devemos prestar mais atenção, portanto, ao que ouvimos, para não nos desviarmos" (Hb 2:1). Rejeitar as verdades bíblicas é rejeitar a âncora à qual o seu barco deveria estar amarrado para ficar seguro. Apegue-se à verdade que você conhece. Não é uma opção, mas sim uma obrigação, "temos que pagar…", parece que você gosta de fazer isso quando tem vontade?

iii)   *Ser paciente*:

"Vocês também sejam pacientes e permaneçam firmes, porque a vinda do Senhor está próxima" (Tiago 5:8).

Você deve ser paciente consigo mesmo, ser paciente com os outros e ser paciente com Deus. Dê tempo a Deus para trabalhar em você e cumprir Sua palavra em sua vida. Muitas pessoas caem porque em algum momento ficaram impacientes com Deus e começaram a duvidar das próprias palavras de Deus e até mesmo de sua própria salvação. Isto dá ao diabo motivos para infligir mais dúvidas aos seus corações e o resultado é que as verdades que antes conheciam e acreditavam são abandonadas. Você deve ser paciente.

iv) *Vista a armadura de Deus*: (veja Efésios 6:11-17)

Cada parte desta armadura é importante, deixar qualquer parte de fora é tornar-se vulnerável à derrota. Certifique-se de que onde o dever chamar, sempre que ele chamar, você não seja considerado deficiente em nenhuma parte.

6). Tenha um coração perdoador

"Se você perdoa alguém, eu também o perdôo. E o que eu perdoei, se é que havia algo a perdoar, eu perdoei diante de Cristo, por amor de vocês, 11 para que Satanás não nos engane. Pois não ignoramos as suas maquinações" (2 Coríntios 2:10-11).

Quando a falta de perdão é mantida no coração, em qualquer grau, isso dá a Satanás motivos para empregar seus ardis e esquemas. Por que? Porque a falta de perdão dará origem ao ódio e, eventualmente, a vingança virá. A falta de perdão também dará origem à raiva e a presença da raiva no coração dá ao diabo um ponto de apoio.

7). Use o sangue:

"Eles o venceram pelo sangue do Cordeiro…" (Apocalipse 12:11).

Só podemos usar eficazmente o sangue do Cordeiro quando estivermos alertas, permanecendo firmes, com autocontrole e resistindo ao diabo. Há muitas pessoas que tentam usar o sangue quando não permanecem firmes na sua fé nem vivem à altura dos padrões bíblicos. Isso pode não passar de engano e eles logo descobrem que, para eles, não funciona. Para usar o sangue, você deve estar em posição correta diante de Deus.

8). Use a palavra:

Quando o diabo lançou seu ataque ao Senhor no deserto, nosso Senhor usou a palavra para derrotá-lo. Você também pode usar a palavra para derrotar o inimigo. Fale a palavra de Deus para ele quando ele atacar. É uma arma poderosa.

Além disso, a Bíblia diz: "eles o venceram pelo sangue do Cordeiro e pela palavra do seu testemunho" (Apocalipse 12:11). Declarar e proclamar a bondade de Deus para você, contar suas bênçãos e nomeá-las colocará o inimigo em fuga. Você pode usar todos os itens acima para combater seu inimigo e manter a vitória que Deus lhe deu.

Capítulo 11

Matando o monstro

(lidando com a maior limitação)

Você deve estar se perguntando o que é essa coisa de monstro. Para alguns, suas mentes rapidamente se voltaram para o diabo, pensando que ele é o monstro que deve ser morto. Bem, ele só pode ser morto pelo próprio Deus e em breve chegará o tempo em que ele e suas atividades serão lançados no lago de fogo e terão um fim permanente.

O monstro ao qual me refiro é aquela coisa chamada pecado. Nada traz limitação aos potenciais do crente como o pecado. Ao matar este monstro, você estará lidando com a maior limitação que tem atormentado a humanidade e que pode confrontá-lo. E ao fazer isto todas as outras limitações serão enfraquecidas permanentemente.

A pura verdade é que muitos de nós temos uma compreensão muito superficial do que é o pecado, dos seus efeitos e danos. Isto é visto na forma como até mesmo os cristãos professos lidam com o pecado nas suas diferentes manifestações na sua vida quotidiana.

Este ensino foi concebido para nos trazer uma compreensão mais profunda do que a Bíblia ensina sobre o pecado, não para algum conhecimento mental, mas para um conhecimento que afetará o coração e trará liberdade ao espírito, levando à realização espiritual.

Suas manifestações (o que é pecado)
"Pecado" parece ser um termo muito geral conforme usado na Bíblia. Existem principalmente quatro palavras usadas na Bíblia, tanto no Antigo quanto no Novo Testamento, para significar "pecado". São eles: pecado, transgressão, transgressão e iniqüidade.

Examinaremos cada um deles nas diversas formas em que são usados em ambos os Testamentos, para que, ao final deste estudo, possamos saber quando, como e por que o pecado é cometido e quando, como e por que o pecado é confessado.

Pecado
Há uma série de palavras hebraicas e gregas usadas na Bíblia, que são traduzidas como "pecado" em nossas Bíblias em inglês. Examinaremos alguns deles que nos ajudarão em nosso estudo

> Ashâm: isto é traduzido como "uma falha". Na nossa língua inglesa uma falha pode significar uma ofensa leve, falha ou negligência. Assim, a negligência ou o fracasso em cumprir as nossas responsabilidades cristãs uns para com os outros e para com os não salvos é pecado aos olhos de Deus. A nossa negligência na oração e em tudo o que nos fará crescer no nosso conhecimento e serviço a Ele e à humanidade é pecado. A palavra acima também é usada para descrever a negligência do mundo para com Deus (Jeremias 51:5). Não menospreze sua negligência em relação aos seus deveres como cristão. Provérbios 14:9 diz: "Os tolos zombam do pecado (ashâm)" (JFA, ênfase minha). Portanto, Deus espera

que levemos nossas falhas e negligências tão a sério quanto o assassinato.
- ➢ Chêt: isto é traduzido como "um crime". Um crime é qualquer ofensa grave contra a moralidade ou a ordem social. É qualquer coisa perversa. Isto se refere tanto às nossas ações (Oséias 13:12, Ezequiel 3:21, Jeremias 32:35) quanto às nossas palavras (Eclesiastes 5:6).
- ➢ châttâ'ah: traduzido como "uma ofensa habitual". São erros que se tornaram hábitos na vida do indivíduo em questão e, portanto, são considerados normais. Incluirá atrasos, orgias, jogos de azar, etc.
- ➢ âvôn que se traduz como perversidade. Perversidade é o estado de ser perverso – qualquer coisa que seja diferente ou varie do correto. Homossexualidade, lesbianismo, pedofilia, masturbação, etc., todos se enquadram nesta categoria.
- ➢ Peshâ, que se traduz como "rebelião". Rebelião é resistência a qualquer autoridade ou uso estabelecido. Quando deixamos de nos submeter à autoridade, nós "peshâ". Quando usamos coisas para o propósito errado, por ex. usar a boca para amaldiçoar (Provérbios 10:19), é peshâ.
- ➢ Ashmâh, shâgâh: ambas as palavras referem-se à causa da ação e não à ação em si; aquilo que faz com que um homem transgrida, se desvie e se desvie. Qualquer coisa que engane ou engane ou faça pecar por ignorância. Tudo o que fará com que você se desvie dos princípios divinos se enquadra nesta categoria. Tudo aquilo que compete com Deus em sua vida se enquadra nesta categoria porque faz com que você não dê a Deus o lugar que ele merece. Agora vamos dar uma olhada em alguns aspectos práticos. exemplos: a televisão e o entretenimento em geral tornam-se pecado quando nos fazem perder o foco. Os filmes tornam-se pecado se levarem você a se desviar do comportamento e conduta adequados, se fizerem com que você abrigue pensamentos, motivos e desejos ímpios, mesmo que por um momento. Relacionamentos ou bens materiais tornam-se pecado se e quando nos enganam na vida. Seus relacionamentos estão fazendo com que você se aproxime do destino ordenado por Deus ou se afaste deles?

Várias palavras gregas usadas no Novo Testamento também são traduzidas como "pecado":

> - Hamartanō: significa errar o alvo, ou seja, ficar aquém das expectativas de Deus expressas em suas leis, ordenanças, preceitos e princípios.
> - Hamartia refere-se à natureza pecaminosa do homem. Aquilo que o homem obteve não por causa de suas próprias ações, mas por causa da queda original.
> - Paraptōma: significa deslize, lapso ou desvio; erro não intencional; uma queda. Todas aquelas coisas que você pode fazer que são erradas, mas que não foram intencionais, se enquadram nesta categoria. São pecados que não foram planejados ou premeditados.
> - Parábase: traduzida como violação; quebra. Estas são ações ou palavras que intencionalmente não obedecem às leis morais e espirituais estabelecidas.

Transgressão

Novamente, examinaremos apenas algumas palavras usadas tanto no Antigo Testamento hebraico quanto no Novo Testamento grego traduzidas como "transgredir" ou "transgressão".

No Antigo Testamento hebraico temos palavras como:

> - Bâgad: significa agir secretamente. Qualquer coisa que seja feita com a intenção de esconder é pecado. Por exemplo, um homem pode dar um presente a uma mulher ou vice-versa, com a intenção de que ninguém mais saiba disso, ou escrever uma carta desejando que ninguém saiba o conteúdo dessa carta.
> - mâ'al: que significa "encobrir". Estas são ações ou palavras que podemos usar para encobrir os reais motivos de algo. Por exemplo, um homem pode fazer um presente a outro com a intenção de ganhar o favor do outro enquanto age como se estivesse apenas sendo generoso, ou pode fazer uma pergunta com a intenção de insinuar ou instigar algo enquanto finge que apenas queria saber alguma coisa.

- ma'al: que significa traição ou falsidade. Isto está intimamente relacionado com a palavra descrita acima, denotando tudo o que é falso, mas vai além e inclui atos que violam a confiança ou a lealdade, atos de trapaça, fraude e deslealdade.
- ´âbar: significa atravessar. Isto descreve aquilo que vai além dos limites prescritos, por ex. entrar em uma sala proibida, ler documentos confidenciais de outra pessoa. Em geral, saindo dos limites adequados.
- Pâshâ: romper com a autoridade justa. Isto fala da tendência e dos atos de independência de qualquer autoridade sobre a vida de alguém. A recusa em prestar contas a alguém é pecado. Isto também inclui a tendência do homem de ser independente do governo de Deus.

Algumas das palavras usadas no Novo Testamento grego são:

- Anŏmia: ilegalidade; violação da lei. Por exemplo. dirigir um acarro sem carteira de motorista, dirigir um carro sem seguro, sobrecarregar, quebrar os limites de velocidade, etc. são todos ilegais e, portanto, são considerados transgressões aos olhos de Deus.
- Parabainō: ir contra. Existem pessoas com a tendência de sempre fazer o contrário de qualquer instrução. Por exemplo. "ninguém deve chegar atrasado", tal pessoa fará de tudo para se atrasar mesmo que tenha a oportunidade de chegar cedo, ou "vamos todos jejuar amanhã", e tal pessoa decidirá comer. Isso também é transgressão.
- **Invasão:** Invadir significa "violar intencional e forçosamente os direitos pessoais ou de propriedade de outrem". Também significa ultrapassar os limites da propriedade ou da retidão.
- Tem significado semelhante ao hebraico âshâm e peshâ, mas com a peculiaridade de violação dos direitos pessoais.

Iniqüidade
- Iniqüidade significa desvio do que é certo; injustiça grosseira; ato errado; coisa ou ação injusta.

Examinaremos as palavras em Ambos os Testamentos para revelar o significado completo deste termo.

No Antigo Testamento hebraico as seguintes palavras são usadas:

- ➤ `âven: significa ofegar ou esforçar-se pela vaidade. Isto fala da loucura de correr atrás daquilo que o mundo corre atrás, sem nenhuma utilidade ou valor na eternidade, mas o aumento do orgulho da vida do homem.
- ➤ Havvâh: cobiçar ansiosamente; safadeza. Todas as pequenas desobediências, ganância, etc. se enquadram nesta categoria.
- ➤ Âvâh: trapacear; fazer algo errado.
- ➤ Âmâl: preocupação da mente ou do corpo. Não há razão justificável para a preocupação da mente ou do corpo. Isso é iniqüidade aos olhos de Deus.

No Novo Testamento temos palavras como "adikēma" que significa "errado" e "adikia" que significa "injustiça". Assim, qualquer transgressão é pecado e qualquer ato de injustiça e parcialidade é pecado.

As descrições detalhadas acima nos permitiram ver o que é o pecado, quando o pecado é cometido, como o pecado é cometido e, até certo ponto, por que o pecado é cometido. O próximo capítulo nos permitirá ver os perigos do pecado – o que o pecado faz ao homem.

Capítulo 12

O poder destrutivo do pecado

O que o pecado faz a um homem!

O pecado é a maior limitação do homem.

"Volte, ó Israel, para o Senhor, seu Deus. Seus pecados foram sua ruína!" (Oséias 14:1)

Uma queda é aquilo que faz com que um homem flua para baixo ou mire para baixo. O pecado é aquilo que faz com que o homem opere muito abaixo dos potenciais que lhe foram dados por Deus, como veremos.

❖ **O pecado rouba a unção do homem**:

"Não me expulses da tua presença nem retires de mim o teu Espírito Santo" (Salmos 51:11).

Quando Davi pecou, ele pediu a Deus que não tirasse dele o Espírito Santo. Ele entendeu que o pecado rouba do homem a sua unção e o seu direito à unção do Espírito. Sobre o Senhor Jesus, o Pai diz: "amaste a justiça e odiaste a maldade; por isso Deus, o teu Deus, te colocou acima dos teus companheiros, ungindo-te com o óleo da alegria" (Hb 1:9, ênfase minha). Por que Ele foi ungido? Porque Ele amava a justiça e odiava a maldade. Ninguém que pratique ou viva qualquer tipo de pecado tem direito à unção do Espírito.

❖ **O pecado rouba do homem a visão e a capacidade de ver:**

"Ó meu Deus, estou muito envergonhado e desonrado para levantar a minha face para ti, meu Deus, porque os nossos pecados são mais altos do que as nossas cabeças e a nossa culpa atingiu os céus" (Esdras 9:6)

Se você estiver sentado em uma sala, só poderá ver para cima, até o teto dessa sala. Um homem só pode ver até onde aquilo que bloqueia sua visão lhe permite. Quando os pecados de um homem são mais elevados do que a sua cabeça, então ele não pode ver além dos seus pecados, mas apenas até o nível dos seus pecados. É por isso que o pecador só pode ver o agora. Ele ou ela está preocupado apenas com os prazeres de agora, os ganhos de agora e a satisfação de agora. O pecado bloqueia a visão do homem sobre a eternidade e o eterno e tudo o que ele ou ela consegue pensar é efêmero.

❖ **O pecado incapacita um homem e o torna improdutivo ou subprodutivo:**

"se levantei a mão contra o órfão, sabendo que tinha influência no tribunal, então deixe meu braço cair do ombro, que seja quebrado na junta" (Jó 31:21-22).

Se o braço de um homem for deslocado da articulação e quebrado do ombro, existe alguma maneira melhor de incapacitar um homem? Um homem incapacitado torna-se improdutivo. É por isso que um pecador não tem utilidade na casa de Deus. O pecado impedirá que você seja usado por Deus.

❖ **O pecado rouba a dignidade do homem:**

"Como o ouro perdeu o brilho, o ouro fino ficou opaco! As joias sagradas estão espalhadas no início de cada rua. Como

preciosos filhos de Sião, que antes valiam seu peso em ouro, agora são considerados vasos de barro, obra das mãos do oleiro!" (Lamentações 4:1-2)

A dignidade e a glória de qualquer filho de Deus reside em viver a vida para a qual Deus o chamou; vivendo em santidade e separados para Deus. Israel tornou-se inútil porque não conseguiu viver como povo de Deus e começou a adorar ídolos como os pagãos. Quando um filho de Deus começa a viver descuidadamente como fazem os pagãos, ele ou ela perde seu valor aos olhos de Deus.

❖ **O pecado priva o homem do favor de Deus:**

"Mas as vossas iniquidades separaram-vos do vosso Deus; os vossos pecados esconderam de vós o seu rosto, para que não os ouça" (Isaías 59:2).

"Então clamarão ao Senhor, mas ele não lhes responderá. Naquele tempo ele esconderá deles o seu rosto por causa do mal que fizeram" (Miquéias 3:4).

A face e a mão de Deus representam Suas bênçãos e Seu favor. Que aflição maior existe do que um homem clamar sem que Deus o ajude em momentos de necessidade? Deus diz em Sua palavra: "invoca-me no dia da angústia; Eu te livrarei…" (Salmo 50:15), mas o pecado o impedirá de cumprir essa promessa em sua vida.

❖ **O pecado exalta os inimigos de um homem acima dele**:

"Mas eles se esqueceram do Senhor seu Deus; então ele os vendeu nas mãos de Sísera, comandante do exército de Hazor, e nas mãos dos filisteus e do rei de Moabe, que lutaram contra eles. o Senhor e disse: 'Pecamos; abandonamos o Senhor e servimos aos baalins e aos astarotes. Mas agora livra-nos das mãos dos nossos inimigos, e nós te serviremos'. 11 Então o Senhor enviou Jerubaal, Baraque, Jefté e Samuel, e te livrou das mãos dos teus inimigos em redor, para que vivesses em segurança" (1Samuel 12:9-10).

"Israel pecou; eles violaram a minha aliança, que eu lhes ordenei que guardasse. Eles pegaram algumas das coisas consagradas; roubaram, mentiram, colocaram-nos junto com seus próprios bens. 12 É por isso que os israelitas não podem resistir aos seus inimigos; eles viram as costas e fugiram porque ficaram sujeitos à destruição. Não estarei mais com vocês, a menos que destruam tudo o que dentre vocês está destinado à destruição" (Josué 7:11-12).

Uma vez que há pecado em sua vida, você não pode se levantar contra o maligno e seu exército, porque o pecado em sua vida dá a eles uma vantagem sobre você. Por que? Porque o poder da cruz nunca pode ser manifestado através de uma vida que ama e valoriza o pecado.

❖ **O pecado desqualifica um homem da presença de Deus:**

"Então o Senhor Deus o baniu do Jardim do Éden para trabalhar na terra de onde ele havia sido tirado" (Gênesis 3:23) (veja também Salmos 15 e Salmos 24: 3-6).

Deus é santíssimo e não há nada celebrado por toda a criação como a Sua santidade. A proclamação da Sua santidade parece ser o hino do Céu cantado continuamente, sem cessar. Por causa da Sua santidade, Ele não pode tolerar o pecado na Sua presença. O Deus infinitamente santo não pode entrar em contato com o pecado. A única vez que Ele fez isso foi na pessoa de Seu Filho, quando Ele levou os pecados do mundo inteiro no escuro Calvário. Mesmo assim, Ele teve que desviar o rosto daquele que carregou os pecados do mundo. A intensidade da santidade de Deus destruirá tudo o que carrega pecado quando Ele manifestar Sua presença. É por esta razão que Deus não manifestará Sua presença onde o pecado estiver presente. Você quer ter acesso à Sua presença manifesta? Leve uma vida santa, evitando o pecado.

❖ **O pecado torna o homem um vagabundo físico e espiritual:**

"Hoje você me expulsa da terra e ficarei escondido da sua presença; Serei um andarilho inquieto pela terra, e quem me encontrar me matará" (Gênesis 4:14).

"Todos nós nos tornamos como alguém impuro e todos os nossos atos justos são como trapos imundos; todos nós murchamos como uma folha, e como o vento os nossos pecados nos varrem" (Isaías 64:6).

Até Caim pecar contra Deus, ele tinha um lugar para chamar de lar. Quando ele pecou, mesmo depois de Deus tê-lo avisado para se proteger contra o pecado, ele foi banido da presença de Deus e daquele momento em diante tornou-se um vagabundo. Tudo o que ele podia fazer era vagar de um lugar para outro.

Para o crente, não há abrigo, nem lar, mas a presença de Deus e se você não pode habitar na Sua presença, certamente não há lugar que você possa chamar de lar. Por quanto tempo você continuará vagando? Não é hora de você voltar para casa? O pecado reduz o homem a nada. Viver em pecado faz com que você seja como folhas de outono que são sopradas e atiradas pelo vento, sem qualquer direção, vontade ou propósito. Onde quer que o vento sopre, é para lá que ele vai. O pecado faz o homem perder seu propósito na vida.

❖ **O pecado torna um homem vulnerável:**

- Para doença

"Mas o Senhor infligiu doenças graves ao faraó e à sua família por causa de Sarai, mulher de Abrão." (Gênesis 12:17)

O pecado expõe você a doenças e enfermidades. A maior parte das doenças e enfermidades são causadas e transmitidas pelo pecado. Você se lembra, nos Evangelhos, quando o Senhor curou algumas pessoas, Ele enfatizou que elas deveriam ir e não pecar mais? Porque Ele entendeu que o pecado torna o homem vulnerável às doenças.

- para maldições,

"Portanto o Senhor, o Deus de Israel, declara: 'Prometi que a tua casa e a casa de teu pai me serviriam para sempre.' Mas agora o Senhor declara: "Longe de mim! Aqueles que me honram, honrarei, mas aqueles que me desprezam serão desprezados. Está chegando o tempo em que cortarei a sua força e a força da casa de seu pai, para que não haja um velho em sua linhagem e vocês vejam angústia em minha habitação. Embora o bem seja feito a Israel, em sua linhagem nunca haverá um homem velho. Cada um de vocês que eu não se exclua do meu altar, será poupado apenas para cegar seus olhos com lágrimas e entristecer seu coração, e todos os seus descendentes morrerão na flor da vida. (1 Samuel 2:31-33) (veja também 2 Samuel 12:9-10).

O pecado torna o homem vulnerável a maldições. O que é triste sobre as maldições é que muitas vezes elas vão além do indivíduo afetado e chegam à sua posteridade. Por que você deveria fazer seus descendentes sofrerem por causa de alguma indulgência sua? Afaste-se do pecado; não traz nenhuma recompensa agradável para você ou seus descendentes.

❖ **O pecado cega o homem para a justiça e santidade de Deus:**

"Pois a graça de Deus que traz a salvação apareceu a todos os homens. 12 Ensina-nos a dizer "Não" à impiedade e às paixões mundanas, e a viver uma vida autocontrolada, correta e piedosa nesta era presente" (Tito 2:11-12).

"Se continuarmos a pecar deliberadamente depois de termos recebido o conhecimento da verdade, não restará nenhum sacrifício pelos pecados, 27 mas apenas uma terrível expectativa de julgamento e de um fogo violento que consumirá os inimigos de Deus. 28 Qualquer um que rejeitasse a lei de Moisés morria sem misericórdia pelo depoimento de duas ou três testemunhas" (Hebreus 10:26-29).

Muitas vezes ouvi pessoas tentarem exaltar a graça de Deus acima da Sua santidade. É verdade que a graça de Deus é infinita, mas presumir que ela está disponível para você cada vez que você peca, mesmo que deliberadamente, é ser presunçoso. Eu me pergunto se muitos leram os versículos acima nas escrituras! A passagem de Tito nos permite saber que a graça de Deus tem as seguintes qualidades:

i) apareceu a todos os homens

ii) ensina a dizer "não" à impiedade

iii) ensina a dizer "não" às paixões mundanas

iv) ensina a viver uma vida com autocontrole

v) ensina a viver uma vida correta

vi) ensina a viver uma vida piedosa

Tudo nesta era atual. Agora, se a graça de Deus não pode impedi-lo do pecado intencional e premeditado e de todo tipo de impiedade, então ela também não o purificará desses pecados. Por que? Porque ao pecar deliberadamente depois de conhecer a verdade, o escritor de Hebreus nos diz que você faz o seguinte:

i) você pisoteia o Filho de Deus

ii) você trata como algo profano o sangue da aliança que o santificou

iii) você insulta o Espírito da graça

e como tal você não pode esperar nada além do julgamento de Deus.

Você continuará cego pelo seu pecado?

Você não abandonará imediatamente o seu pecado para contemplar o Pai em Sua justiça?

❖ **O pecado esgota a força:**

"Ó Senhor, tem misericórdia de mim na minha angústia. Meus olhos estão vermelhos de tanto chorar; minha saúde está quebrada pela tristeza. Estou definhando de tristeza; meus anos são encurtados, esgotados pela tristeza. Meus pecados minaram minha força; Eu me abaixei com tristeza e vergonha" (Sl 31:10, TLB, ênfase adicionada).

"Pois dia e noite a tua mão pesava sobre mim; minhas forças se esgotaram como no calor do verão (Sl32: 4).

Não há nada que esgote tanto a força física quanto a espiritual como o pecado. Qualquer que seja a forma em que seja praticado, o pecado esgotará a força e o poder para agir. Você não entende por que os pecadores recorrem às drogas e ao sobrenatural satânico em busca de poder para atuar?

❖ **O pecado rouba do homem sua capacidade de ouvir a Deus:**

"Ouvi isto, povo tolo e insensato, que tem olhos, mas não vê, que tem ouvidos, mas não ouve" (Jeremias 5:21).

O pecado bloqueia a audição espiritual do homem e a capacidade de ver e discernir as coisas espirituais. Isso priva você da capacidade de discernir os movimentos de Deus em seu ambiente.

❖ **O pecado desqualifica o homem de seus direitos como filho de Deus:**

"Reuben, você é meu filho mais velho, filho da minha vigorosa juventude. Você é o cabeça da lista em posição e honra. 4 Mas vocês são indisciplinados como as ondas violentas do mar e não serão mais os primeiros. Estou rebaixando você, pois você dormiu com uma de minhas esposas e assim me desonrou" (Gênesis 49:3-4, TLB).

Caim perdeu seus direitos como primogênito de Adão por causa do seu pecado. É por isso que a ancestralidade do homem é traçada através de Seth. Rúben perdeu seus direitos como primogênito de Jacó por causa de seu pecado. O pecado rebaixa um homem na posição perante o Deus Todo-Poderoso. Cada pecado que você comete deliberadamente apenas o leva cada vez mais para baixo espiritualmente.

Como filhos de Deus, devemos voar alto como águias, elevando-nos a cada dia que passa às alturas espirituais. O pecado apenas o rebaixa e o impede de subir. O pecado afeta negativamente o seu destino; escurece seu caminho e torna seu futuro incerto. O pecado não é amigo do filho de Deus, não importa o que pareça oferecer.

O pecado deliberado e premeditado é o maior horror que pode acontecer a alguém. É a maior desonra que você pode causar a Deus e o maior desfavor que você pode causar a si mesmo. O prazer do pecado é a maior loucura que você pode aceitar. Reuben dormiu com a esposa de seu pai apenas uma vez, mas isso foi suficiente para estragar todo o seu destino. O pecado não precisa de uma segunda chance para arruinar um homem permanentemente. Reuben continuou sendo filho de Jacobs, mas perdeu seu lugar como primogênito.

❖ **O pecado rouba do homem a capacidade de conduzir outros ao caminho de Deus:**

"Então ensinarei os teus caminhos aos transgressores, e os pecadores se voltarão para ti" (Salmos 51:13).

Depois que Davi pecou, ele implorou a Deus por perdão e também para que pudesse, mais uma vez, ensinar aos outros os caminhos de Deus para que eles se voltassem de seus pecados para Deus. Se você vive em pecado, não importa a forma, não importa o quanto você pregue, o melhor que você pode fazer é levar os pecadores a um sistema religioso, tornando-o ainda pior do que era.

Você nunca pode levar alguém a Cristo enquanto vive em pecado. Esse será o maior engano de todos os tempos. Há muitas pessoas hoje vivendo nesse tipo de engano; eles vivem em pecado e ainda pregam o Evangelho. Seu objetivo é fazer com que as pessoas se comprometam com um sistema diferente de Cristo. O Senhor não confrontou os fariseus e os mestres da lei de viajar longas distâncias para fazer um único convertido que se tornou duas vezes filho do inferno do que antes?

❖ **O pecado rouba a autoridade do homem**:

Quando Deus criou o homem, ele deu ao homem autoridade e domínio sobre o resto da criação terrestre (ver Gênesis 1), mas assim que o homem pecou e se rebelou contra Deus, ele perdeu essa autoridade e domínio (ver Gênesis 3) e hoje o homem está ameaçado e assustado com o menor dos animais.

Sobre Efraim, o Senhor diz: "Quando Efraim falava, os homens tremiam; ele foi exaltado em Israel. Mas ele tornou-se culpado de adorar Baal e morreu (Oséias 13:1). Morrer aqui significa perder sua autoridade. Até se tornar culpado, ele tinha autoridade como primogênito, mas uma vez que se tornou culpado, ele morreu em termos de sua autoridade.

❖ O pecado desqualifica um homem para a oração:

"Quando você estender as mãos em oração, esconderei de você os meus olhos; mesmo que você faça muitas orações, eu não ouvirei.Suas mãos estão cheias de sangue; lavem-se e limpem-se. Tire suas más ações da minha vista! Pare de fazer o que é errado" (Isaías 1:15-16)

"Se eu considerar a iniqüidade em meu coração, o Senhor não me ouvirá" (Salmos 66:18, JFA).

O pecado no coração ou na vida de um homem o desqualifica para a oração porque, não importa o quanto, com que intensidade e por quanto tempo ele ora, Deus não ouve e não ouve. Se Deus não quiser e não ouvir a oração de um homem, que necessidade há de orar, se as respostas às suas orações não serão recebidas?

❖ **O pecado não busca nada além de dominar o pecador e escravizá-lo:**

"Se você fizer o que é certo, não será aceito? Mas se você não fizer o que é certo, o pecado estará à sua porta; ele deseja possuir você, mas você deve dominá-lo" (Gênesis 4:7).

'Jesus respondeu: "Em verdade vos digo: todo aquele que peca é escravo do pecado"' (João 8:34)

Quando Deus avisou Caim para não ceder à pressão do pecado do ciúme, Ele entendeu que ceder a isso só levaria a uma cadeia de pecados. O pecado em cadeia de Caim começou pela falha em escrever. Podemos ilustrar a cadeia da seguinte forma: sentimento de rejeição, raiva, ciúme, ódio, assassinato, mentira. E o pecado de Davi com Bate-Seba? Da ociosidade à luxúria, ao adultério, ao embebedar alguém, ao assassinato, ao confisco da esposa de alguém.

O pecado é uma reação química em cadeia. Uma vez iniciado, torna-se difícil parar até que a reação esteja completa. Nenhum adicto jamais começou como adicto. Tudo começou divertido e gradualmente o pecado tomou conta dele e o dominou até que ele foi dominado pelo vício. O pecado não busca nada além de escravizar o pecador. Não há escravidão maior do que a do pecado.

❖ O pecado é o maior peso que um homem pode carregar:

"Filho do homem, diga à casa de Israel: 'Isto é o que vocês estão dizendo: "Nossas ofensas e pecados nos pesam, e estamos definhando por causa deles. Como então poderemos viver?" (Ezequiel 33:10)

Não há nada que pese e desgaste um homem como o pecado. Seu peso é esmagador. Aquele que se recusa a arrepender-se dos seus pecados definhará (Salmos 32:3). Não foi por isso que o Salvador chamou: "vinde a mim, todos os que estais cansados e sobrecarregados, e eu vos aliviarei" (Mateus 11:28)? Por quanto tempo você será esmagado pelo peso dos seus pecados? Não é hora de você confessá-los e abandoná-los para poder encontrar descanso para sua alma?

❖ **O pecado priva o homem de sua colheita**:

"se os meus passos se desviaram do caminho, se o meu coração foi guiado pelos meus olhos, ou se as minhas mãos foram contaminadas, então outros possam comer o que eu semeei, e que as minhas colheitas sejam arrancadas....É um fogo que queima até a destruição; isso teria arrancado a minha colheita" (Jó 31:7-8, 12).

"Mas veja, hoje somos escravos, escravos na terra que você deu aos nossos antepassados para que eles pudessem comer seus frutos e outras coisas boas que ela produz. 37 Por causa dos nossos pecados, sua abundante colheita vai para os reis que você colocou sobre nós. Eles dominam nossos corpos e nosso gado como bem entendem e estamos em grande angústia" (Neemias 9:36-37).

Há muitos ensinamentos acontecendo hoje sobre a semeadura. Tenho ouvido muitos pregadores encorajarem as pessoas a continuarem a semear, pois um dia colheriam a sua colheita. O que é triste nisso é que nunca ouvi ninguém pensar sobre o fato de que um homem pode ser privado de sua colheita, não importa o quanto ele semeia, se estiver vivendo em pecado. O pecado destrói a colheita do homem.

É inútil encorajar as pessoas a continuarem a semear sem lhes apontar a praga que destrói a sua colheita. Você se lembra de como, no tempo dos Juízes, os israelitas foram empobrecidos pelos midianitas e pelos amalequitas, que destruíam constantemente as suas colheitas por causa do pecado de Israel? (Ver juízes 6). O pecado em sua vida é como aqueles midianitas e amalequitas destruindo a colheita de tudo o que você planta.

Talvez você esteja colhendo alguma coisa, mas eu lhe digo que não é nada comparado ao que você poderia colher se a colheita não fosse destruída. Você quer colher sua colheita completa? Afaste-se de todo pecado conhecido, caso contrário você continuará a semear em vão. Não dê ouvidos a quem o incentiva a continuar semeando sem avisar que o pecado em sua vida destrói sua colheita.

Um estudo de caso

Gostaria que estudássemos a vida de um homem em particular nas Escrituras, de modo a deixar claro o que estamos dizendo aqui e construir uma premissa para o nosso próximo capítulo.

Por um momento, quero que você leia Gênesis capítulo trinta e oito. Não continue até ter lido todo o capítulo.

O capítulo trinta e sete narra a história de José e seus irmãos, como ele foi vendido por seus irmãos como escravo no Egito por sugestão de Judá, em vez do pretendido abandono e eventual morte na cisterna sem água.

Para especular, os irmãos fizeram um acordo de que ninguém deveria contar ao pai o que havia acontecido com José. Judá, ao ver seu pai angustiado por causa da "morte" de seu irmão, não pôde deixar de sair de casa em busca de refúgio de sua culpa. Ele desceu até Hirá de Adulão.

Adullam significa "refúgio". Ao ir para lá, Judá pensou que encontraria um ótimo refúgio contra seu pecado contra seu irmão e, portanto, contra seu pai. Ele pensou que sair de casa seria a solução para sua culpa. Quero que você perceba que a tentativa de Judá de buscar refúgio longe de casa só o colocou ainda mais em apuros.

Não há refúgio para você fora de casa – a presença de seu amoroso Pai no céu. Não há outra cobertura para o pecado senão o Sangue do Cordeiro que foi morto; não há esconderijo para o seu pecado, exceto o próprio Jesus. Há muitos, como Judá, que saíram de casa por causa da culpa do pecado. O lar é o lugar que Deus pretendia ser um abrigo das pressões externas.

Por que dizemos que Judá só teve mais problemas? Porque toda a sua estadia em Adullam foi miserável. Judá conheceu uma garota cananéia com quem se casou. Ela era filha de Shua. Agora, Shua significa prosperidade. Ao se casar com a filha de Shua, ele estava fazendo um pacto com a prosperidade. Será que seu casamento com "os descendentes da prosperidade" lhe trouxe alguma prosperidade? Não! Isso só levou a uma calamidade após a outra; a morte de sua esposa e dois filhos.

Meu irmão, minha irmã, aquilo que parece que vai lhe trazer felicidade e prosperidade longe do Salvador só o levará à miséria. Não há prosperidade duradoura ou verdadeira sem o Salvador. A prosperidade verdadeira e duradoura é a de todo o homem, e isso só pode ser encontrada em Cristo. Judá teve todas as oportunidades de confessar seus pecados ao pai, mas não o fez, talvez por causa da aliança com seus irmãos.

Você se encontra na mesma situação, cometeu um pecado ou se meteu em alguma situação pela qual se sente culpado, mas tem medo de expor por causa de algum convênio que fez? Seu Pai celestial sabe disso, Ele tem poder para anular essa aliança pelo sangue da Aliança Eterna em Jesus.

Vá até alguma autoridade espiritual e exponha isso a ele. Isso o ajudará a libertar-se dos tormentos do seu pecado. Não fique sentado quieto e gemendo sob o peso e a agonia da culpa. Você pode ser libertado. Quando Judá se recusou a expor o seu pecado, pensando que iria encontrar refúgio em outro lugar, isso mais tarde o deixou cair em incesto com sua própria nora.

Agora, a Bíblia diz: "Fuja da imoralidade sexual. Todos os outros pecados o homem comete são fora do seu corpo, mas quem peca sexualmente peca contra o seu próprio corpo. 19 Você não sabe que o seu corpo é templo do Espírito Santo, que está em você, a quem você recebeu de Deus? Você não é seu; 20 você foi comprado por um preço. Portanto, honre a Deus com o seu corpo" (1Coríntios 6:18-20).

Aquilo que um homem distribui através da imoralidade sexual não pode ser recuperado. A maior loucura é o prazer do pecado sexual. A Bíblia diz: "você foi comprado por bom preço", o que significa que você não é seu, seu corpo pertence a outro, a quem você deve honrar. Esse outro é Deus. Seu corpo é o templo do Espírito Santo, portanto, antes de fazer qualquer coisa com ele, pergunte-se: "Isso deixará o Espírito Santo confortável em Seu templo?" Nada que danifique o templo ou entristeça Aquele que ali habita é bom para você.

Permita que a visão que você tem do seu corpo mude de "meu corpo" para "Seu templo" e, eventualmente, a maneira como você o trata mudará para sempre. O preço do seu corpo vale o sangue de Jesus. Você se atreveria a trocá-lo por algo menos? Deus não permita!

Há uma parte de você que sai pela imoralidade sexual e que não pode ser recuperada. O pecado sexual causa danos e danos incalculáveis ao templo do Espírito Santo. Ao cometer fornicação com Tamar, Judá revelou o seguinte:

1) Seu selo

2) O cordão do seu selo

3) Sua equipe.

Cada uma das coisas acima representa o que um homem perde como resultado do pecado sexual. Vamos examiná-los em detalhes.

O selo

O selo simboliza o seguinte:

i) Marca de autenticidade: na antiguidade, o selo de um homem representava a sua identidade. Também foi usado para identificar a propriedade de um homem e ratificar transações. Ao revelar seu selo, Judá revelou sua identidade. A Bíblia não diz: "Quem se une a uma prostituta é um corpo com ela" (1 Coríntios 6:16)? A imoralidade sexual provoca o uso da identidade de outra pessoa. É por isso que quem começa a cometer imoralidade sexual começa a se comportar de maneira estranha. Os pais de rapazes e moças que estiveram envolvidos neste pecado sabem o que estou dizendo.

ii) Usado para impedir o acesso não autorizado a documentos e propriedades: ao entregar o seu selo, Judá não tinha meios de proteger os seus documentos e propriedades de invasores. Assim, vemos que o pecado sexual torna alguém vulnerável a ataques demoníacos e ataques de doenças. Torna até mesmo as propriedades e posses de um homem expostas aos ataques de satanás e de sua hoste de demônios.

iii) Prova de autoridade delegada: naquela época, qualquer homem de posição possuía um selo, que provava sua autoridade. Ao delegar alguém, bastava dar-lhe o seu selo e isso bastava para provar que lhe delegaste a tua autoridade. Agora, em Lucas 10:19, o Senhor diz: "Eu vos dei autoridade para pisar cobras e escorpiões, e para vencer todo o poder do inimigo; nada irá prejudicá-lo." Como Judá, quando você peca sexualmente você perde essa autoridade para o diabo.

O cordão

O cordão era usado para pendurar um selo no pescoço ou na cintura de um homem. O cordão é usado como símbolo de vida (ver Eclesiastes 12:6). Quando você tem um cordão preso a qualquer coisa, você pode conduzir e manipular essa coisa, mesmo à distância, em qualquer direção que desejar. A imoralidade sexual fornece um cordão através do qual o diabo manipula e controla uma vida. É por isso que o pecado sexual dificilmente é tratado até que este cordão seja cortado no espiritual. Você já viu um homem ou mulher adulto impotente diante do parceiro do pecado sexual que não é páreo para ele? Essa é a razão pela qual.

O pessoal

A equipe também simboliza o seguinte:

e) Autoridade

ii) Poder para disciplinar e corrigir

iii) Apoio e direção

Ao doar seu cajado, ele abriu mão de seu poder de disciplinar e corrigir, e também de seu senso de direção. Não é por isso que num escritório onde um chefe está tendo um caso com sua secretária você encontra todo tipo de caos? Numa escola onde o diretor tem casos com alunos você encontra o reinado da indisciplina?

Não importa o quanto Judá tenha tentado depois recuperar essas coisas que ele distribuiu, foi em vão (v22). "Então Judá disse: 'Deixe-a ficar com o que tem, ou seremos motivo de chacota…" (v23).

O pecado sexual é o maior catalisador do orgulho e da arrogância. Judá tinha medo de se tornar motivo de chacota. Existe alguma vergonha e desgraça maior do que um homem ter perdido a identidade, autoridade e direção na vida que Deus lhe deu? Judá trabalhou arduamente para aparecer diante do homem o que ele não era. Ele queria aparecer como um homem íntegro e reto, enquanto era totalmente o oposto. Quero que você saiba que o que importa é o que um homem aparece diante de Deus e Seus anjos e não o que ele ou ela pode aparecer diante do homem.

O céu classifica um fornicador e adúltero como um pão (Provérbios 6:26). Se tornar-se motivo de chacota o ajudará a recuperar sua identidade, autoridade e direção na vida, por que não se tornar um? É melhor tornar-se motivo de chacota diante do homem e ser um herói diante de Deus do que parecer um herói diante do homem e ser abandonado diante de Deus.

Capítulo 13

Como lidar com o pecado

Tendo visto o que o pecado faz ao homem, independentemente do sexo, idade, estatuto, raça ou cultura, vejamos como podemos matar este monstro nas nossas vidas individuais. A Bíblia diz:

"Portanto, visto que estamos rodeados por tão grande nuvem de testemunhas, livremo-nos de tudo o que nos atrapalha e do pecado que tão facilmente nos envolve, e corramos com perseverança a corrida que nos está proposta" (Hebreus 12:1).

"Portanto, mortifiquem tudo o que pertence à sua natureza terrena: imoralidade sexual, impureza, luxúria, maus desejos e ganância, que é idolatria" (Colossenses 3:5).

Para lidar com o pecado, o fundamento reside na compreensão de que nenhum pecado pode jamais ser escondido de Deus. Deus vê todos os seus pecados.

"Mas se você não fizer isso, você estará pecando contra o Senhor; e pode ter certeza de que o seu pecado o descobrirá" (Números 32:23)

"Senhor, você vê o que eles estão fazendo. Você notou cada ato maligno. (Salmo 10:14a, TLB).

Ninguém jamais conseguiu esconder seu pecado:

Adão não conseguiu esconder seu pecado de Deus.

Caim não conseguiu esconder seu pecado de Deus, mesmo quando pensou que estava sozinho com Abel no campo.

Judá não conseguiu esconder seu pecado com Tamar. Ele escondeu por três meses, mas a verdade acabou sendo revelada.

Os irmãos de José esconderam os seus pecados durante cerca de vinte anos, mas a verdade acabou por ser revelada.

Davi escondeu seu pecado com Bate-Seba por mais de um ano, mas a verdade acabou sendo revelada.

Deixe-me dizer-lhe,

Você também não terá sucesso em cobrir o seu pecado diante dos olhos do Deus que tudo vê e que tudo vê. Ou você expõe e renuncia aos seus pecados ou o seu pecado irá expor você.

Tendo visto que o pecado nunca pode ser escondido de Deus, podemos agora prosseguir para ver como podemos lidar com o pecado.

O pecado deve ser confessado especificamente

O pecado nunca pode ser tratado como algo geral. Seja qual for a forma que assuma, o pecado deve ser confessado especificamente. A Bíblia diz:

"Se confessarmos os nossos pecados, ele é fiel e justo para nos perdoar os pecados e nos purificar de toda injustiça" (1 João 1:9).

.

"Quando fiquei em silêncio, meus ossos se consumiram por causa dos meus gemidos o dia todo. Durante dia e noite sua mão estava pesada sobre mim; minhas forças estavam minadas como no calor do verão. Então eu reconheci meu pecado para você

e não encobriu a minha iniquidade. Eu disse: "Confessarei as minhas transgressões ao Senhor" – e tu perdoaste a culpa do meu pecado" (Salmos 32:3-5)

Assim, sem a devida confissão não há perdão. O perdão de Deus através da obra expiatória do "Cordeiro que foi morto" está disponível para toda a humanidade, mas há inúmeras pessoas que circulam pelas ruas que não obtiveram este perdão. Por que? Porque está disponível apenas para aqueles que o aceitam, através da confissão e do abandono dos pecados.

"Se alguém for culpado de alguma dessas coisas, deverá confessar de que maneira pecou." (Levítico 5:5. ênfase minha).

Deus nunca abriu espaço para alguma confissão geral de pecado. Se você está pedindo perdão, deve declarar pelo que deve ser perdoado. Você não se lembra do cego dos Evangelhos? "Ele gritou: 'Jesus, filho de Davi, tem misericórdia de mim!'" (Lucas 18:38) "Quando ele se aproximou, Jesus lhe perguntou: 'O que você quer que eu faça por você?'" (Lucas 18:40b). A confissão, como qualquer outra forma de oração, deve ser específica.

Talvez você esteja se perguntando sobre os pecados que esqueceu e os que cometeu por ignorância? Bem, eu só quero que você saiba que a ignorância não é passaporte para o pecado:

"Se uma pessoa pecar e fizer o que é proibido em algum dos mandamentos do Senhor, mesmo sem saber disso, ela é culpada e será responsabilizada" (Levítico 5:17).

Até que o pecado seja confessado e abandonado, o pecador permanece culpado. É por isso que devemos passar tempo com Deus diariamente em oração e no estudo de Sua palavra. Ao passarmos tempo com Ele, Ele nos lembrará dos pecados que cometemos sem que conhecêssemos, ou daqueles que podemos ter esquecido, para que possamos nos arrepender, renunciar e abandonar.

É responsabilidade do Espírito nos mostrar os pecados que ainda existem contra nós, mas é absolutamente nossa responsabilidade nos colocar na condição certa para que Ele nos mostre. Portanto, passe tempo com Deus diariamente em comunhão de coração aberto.

Como é feita a confissão?

Os seguintes passos são necessários para que a confissão seja completa e completa:

1) Reconheça o seu pecado.

Quando um homem se recusa a reconhecer o seu pecado, ele ou ela provoca o julgamento de Deus. "Você diz: 'Eu sou inocente; ele não está zangado comigo.' Mas eu julgarei vocês porque dizem: 'Não pequei'" (Jeremias 2:35). Reconhecer o seu pecado é o primeiro passo para receber o perdão. Sem ela, não pode haver confissão verdadeira e, portanto, não pode haver perdão.

"Apenas reconheça a sua culpa: você se rebelou contra o Senhor, seu Deus, espalhou seus favores a deuses estrangeiros debaixo de toda árvore frondosa e não me obedeceu", declara o Senhor" (Jeremias 3:13).

"Então eu reconheci meu pecado para você e não encobri minha iniquidade. Eu disse: "Confessarei as minhas transgressões ao Senhor" – e tu perdoaste a culpa do meu pecado" (Salmos 32:5).

Reconhecer o seu pecado significará assumir total responsabilidade pelo seu pecado, sem tentar transferir a culpa para outra pessoa ou para as circunstâncias. Não seja como Adão. Reconhecer o seu pecado significa acreditar em seu coração que se Deus te julgar, isso será Justiça.

2) Peça perdão:

"Perdoa-nos os nossos pecados…" (Lucas 11:4a).

Você deve pedir perdão para obtê-lo. Reconhecer o seu pecado e não pedir perdão não significa nada. Ele disse: "Peça e lhe será dado". Qual é então a base para pedir perdão?

A base para o perdão

"Nele temos a redenção pelo seu sangue, a remissão dos pecados, segundo as riquezas da graça de Deus" (Efésios 1:7)

A base número um para o perdão é a obra expiatória realizada no Calvário pelo próprio Filho de Deus. Sem isso, você e eu não temos mandato para pedir perdão. É de acordo com as riquezas da graça de Deus que podemos ser perdoados. Fora de Cristo não há perdão, não importa os rituais ou penitências que sejam realizados.

A segunda base para o perdão é que você também perdoe: "Perdoa-nos as nossas dívidas, assim como nós perdoamos aos nossos devedores". (Mateus 6:12). Até que você tenha perdoado a todos que pecaram contra você de alguma forma, você não poderá ser perdoado por Deus. Quando você se recusa a perdoar aqueles que o prejudicaram, Deus conta todos os seus pecados anteriores contra você, conforme descrito na parábola do servo implacável (ver Mateus 18:21-35). O servo já havia sido perdoado, mas quando se recusou a perdoar seu companheiro, seu senhor anulou o perdão que lhe havia sido concedido, e o Senhor disse: "é assim que meu Pai celestial tratará cada um".

de você, a menos que você perdoe de coração a seu irmão" (Mateus 18:35).

Recuse a qualquer custo o "luxo" de guardar rancor de quem quer que seja.

3) Peça limpeza:

"Lava a minha iniquidade e purifica-me de todos os meus pecados" (Salmo 51:2).

Depois de obter o perdão, você deve pedir a Deus que o purifique da culpa e do efeito do pecado.

4) Peça a Deus para apagar o seu pecado:

"Pois eu conheço as minhas transgressões e o meu pecado está sempre diante de mim." (Salmo 51:3).

A menos que o seu pecado seja apagado, ele permanecerá nos registros e, portanto, estará diante de você. Você deve pedir que o pecado seja apagado para que você não o veja novamente. "Segundo a tua grande compaixão, apaga as minhas transgressões" (Salmos 51:1b). Se não for apagado, embora Deus possa tê-lo perdoado, você terá a tendência de sempre pensar nisso e isso o tornará ineficaz.

5) *Abandone seu pecado*:

"Aquele que encobre os seus pecados não prosperará; mas quem os confessa e abandona alcançará misericórdia" (Provérbios 28:13, KJV, ênfase minha).

Para encontrar o perdão total, você deve abandonar seus pecados, ou seja, deve renunciar e abandoná-los. A confissão sem abandono do pecado não tem efeito; está incompleto.

O pecado deve ser corrigido para

Ao lidar com o pecado, há uma parte que quase nunca é mencionada. Embora o pecado seja principalmente contra Deus, ele se manifesta de maneiras que afetam o próximo. Assim, para que o pecado seja tratado adequadamente, é necessário fazer reparações. Provérbios 14:9a diz: "Os tolos zombam de reparar o pecado" (NVI). Qualquer pessoa que se recuse a reparar o pecado, sempre que possível, é considerada por Deus um tolo. Procure reparar o pecado sempre que for possível.

"Quando ele pecar e se tornar culpado, deverá devolver o que roubou ou tomou por extorsão, ou o que lhe foi confiado, ou os bens perdidos que encontrou, 5 ou o que quer que tenha jurado falsamente. Ele deverá restituir integralmente, acrescentar um quinto do valor e dar tudo ao dono no dia em que apresentar sua oferta pela culpa" (Levítico 6:4-5).

"O Senhor disse a Moisés: 6 "Diga aos israelitas: Quando um homem ou uma mulher fizer qualquer mal a outro e, portanto, for infiel ao Senhor, essa pessoa será culpada 7 e deverá confessar o pecado que cometeu. restituição total pelo seu erro, acrescente um quinto e dê tudo à pessoa que ele ofendeu" (Números 5:5-7).

"E se eu disser ao ímpio: 'Você certamente morrerá', mas ele então se afastar do seu pecado e fizer o que é justo e certo, 15 se ele devolver o que tomou como penhor de um empréstimo, devolver o que quem roubou, segue os decretos que dão vida, e não pratica o mal, certamente viverá; ele não morrerá. 16 Nenhum dos pecados que cometeu será lembrado contra ele. Ele fez o que é justo e certo; ele certamente viverá" (Ezequiel 33:14-16)

Desde simples erros até roubo e assassinato, o pecado deve ser corrigido. Em alguns casos, isso implicará apenas expor o seu pecado a uma autoridade espiritual para que ela possa orar com você e por você.

Quando todos os passos acima forem seguidos, você poderá reivindicar Sua promessa, que diz: "porque perdoarei as suas maldades e não me lembrarei mais dos seus pecados" (Hebreus 8:12).

"Quem é Deus como tu, que perdoa o pecado e perdoa a transgressão do restante da sua herança? Você não fica com raiva para sempre, mas tem prazer em mostrar misericórdia. Você terá novamente compaixão de nós; você pisará os nossos pecados e lançará todas as nossas iniqüidades nas profundezas do mar" (Miquéias 7:18-19).

Esse é o Deus que você está servindo. Você não vai levantar essas mãos e elogiá-lo?

Talvez você ainda não O tenha conhecido como seu Salvador e Senhor. É somente Nele que você pode encontrar perdão, não em algum sistema religioso. Você não pode se reconciliar com o Pai de outra forma, a não ser caindo aos pés de Jesus, convidando-O para sua vida como Senhor e Salvador. Quando isso acontece, Ele lhe dá o poder (correto) para se tornar um filho de Deus (ver João 1:12-13, Romanos 10:9-11). Neste exato momento você pode convidá-Lo para sua vida, faça isso agora!

Capítulo 14

Saber quem e o que você é

Nos capítulos anteriores expusemos a natureza do conflito, o inimigo contra o qual lutamos, as suas armas e estratégias; também apresentamos o nosso mandato, as nossas armas e o potencial das nossas armas. Neste capítulo, veremos o soldado que está usando a arma, ou seja, veremos você como o portador da arma antes de vermos como manejá-la como soldado.

Ao se preparar para usar suas armas, quero que entenda que com Deus você é indomável. A Onipotência está do seu lado e, portanto, nenhum outro poder pode vencê-lo. Deus disse a Israel:

"Portanto, não tema, pois estou com você; não tenha medo, pois eu sou o seu Deus. eu te fortalecerei e te ajudarei; Eu te sustentarei com minha destra justa. Todos os que se enfurecem contra você certamente ficarão envergonhados e desonrados; aqueles que se opõem a você serão como nada e perecerão. Embora você procure seus inimigos, você não os encontrará. Aqueles que travam guerra contra você não serão nada. Porque eu sou o Senhor, o teu Deus, que te segura pela mão direita e te diz: não temas; Eu te ajudarei" (Isaías 41:10-13

Na passagem bíblica acima, há uma série de mandamentos, garantias e promessas: vamos trazê-los à tona para que você possa ver por si mesmo o que Deus declarou sobre você;

Os comandos são:

- não tema

- não desanime

As garantias são:

- Eu estou contigo

- Eu sou seu Deus

- Eu sou o SENHOR

As promessas são:

- Eu vou te fortalecer

- Vou te ajudar

- Eu te sustentarei com minha destra justa

- Seus inimigos cairão em desgraça

- Seus inimigos perecerão

- Seus inimigos serão reduzidos a nada

Agora, se quiser continuar sendo um vencedor, você deve manter o medo e o desânimo longe de você. O medo e o desânimo são dois inimigos perigosos em seu acampamento; você não deve permitir que eles operem em sua vida.

O medo paralisa e incapacita o homem.

O medo quebra seu mecanismo de defesa e o torna vulnerável à derrota e ao fracasso.

Quando você cede ao medo, você perde as promessas de Deus.

O medo fundamenta seus potenciais.

O medo é perigosamente contagioso.

O medo é um espírito que não vem de Deus.

A onipotência não pode se manifestar em seu favor quando você cede ao medo.

Deus é impotente para ajudar os medrosos.

Medo e amor não podem coexistir.

O medo priva você de bom senso.

Ao enfrentar todos os desafios da vida, você deve acreditar que a onipotência está com você, deve acreditar que a onisciência está com você e deve acreditar que a onipresença está com você.

Nesta batalha da vida Deus prometeu fortalecer você. Fortalecer significa energizar, significa fortificar, significa tornar capaz e capaz de fazer ou resistir. Significa habilitar. Viva diariamente sabendo que você tem a capacitação divina à sua disposição. Viva diariamente sabendo que você tem uma fortificação do céu que nada pode superar. O poder energizante do Espírito Santo é para você.

Cada dificuldade que você enfrentar nesta vida celestial o tornará capaz de superar. Cada pressão na vida do ataque inimigo, o céu permitirá que você resista. Podem ser pressões financeiras ou

dificuldades, pressões ou dificuldades emocionais, pressões ou dificuldades mentais, pressões ou dificuldades morais, pressões ou dificuldades espirituais e pressões e dificuldades emocionais. Todas essas áreas são igualmente importantes porque, uma vez que o inimigo tenha sucesso em uma área da sua vida, existe a possibilidade de ele vencê-lo também nas outras áreas.

Todos os que conseguiram vencer nesta corrida sempre tiveram Deus como força. Se você também precisa ter sucesso e triunfar, deve apropriar-se diariamente do Senhor como sua força. O salmista conhecia Deus como sua força (Salmos 18:1, 28:7, 59:17, 73:26, 118:14). Moisés conhecia Deus como sua força (Êxodo 15:2). Isaías conhecia Deus como sua força (Isaías 12:2). Habacuque chamou a Deus de sua força (Habacuque 3:19). Paulo conhecia Deus como Aquele que o fortalecia (Filipenses 4:13. Você também deve declarar o Senhor como sua força!

Deus também prometeu ajudá-lo. Ajuda aqui significa fazer parte de um fardo, tarefa ou responsabilidade específica. Deus quer ser parte integrante do que você faz. Ele quer estar "mão na massa" com você nas batalhas da vida. Novamente, o salmista conhecia o Senhor como sua ajuda, sua ajuda sempre presente (Salmos 33:20, Salmos 46:1), Samuel conhecia Deus como sua ajuda (1Samuel 7:12), Paulo conhecia Deus como sua ajuda (Atos 26:22). Viva diariamente sabendo que Deus é a sua ajuda e a vida será muito mais emocionante do que você jamais imaginou.

Ele vai te defender
Defender significa sustentar, apoiar e manter. Deus quer sustentar, apoiar e manter você financeiramente, emocionalmente, mentalmente, socialmente, fisicamente e espiritualmente. Ele quer que Seu sustento permeie todas as áreas do seu ser. Significa que Ele manterá o seu poder (Salmos 37:17), evitará que você caia (Salmos 37:24), protegerá você (Salmos 140:12) e lhe fornecerá tudo o que você precisa (Salmos 146:7). Sua única responsabilidade é acreditar no que Deus diz e depois deixar o resto com Ele. Ele é verdadeiro demais para mentir e fiel demais para falhar.

Deus diz que seus inimigos cairão em desgraça! É a Sua promessa, não importa o seu número, não importa o seu armamento, não importa as suas estratégias, o que o céu decretou para eles é uma desgraça. Ao acreditar e agir de acordo com isso, você começará a ver a desgraça aberta de seus inimigos. Tenho vontade de gritar! Agora vamos ver o que o Senhor soberano diz sobre você em outro lugar:

"Não tenha medo deles, pois eu estou com você e o livrarei", diz o Senhor... Hoje fiz de você uma cidade fortificada, uma coluna de ferro e um muro de bronze para resistir contra toda a terra – contra os reis de Judá, seus príncipes, seus sacerdotes e o povo da terra. 19 Eles lutarão contra você, mas não o vencerão, pois eu estou com você e o livrarei", declara o Senhor. (Jeremias 1:8,18-19)

Aqui encontramos o Senhor fazendo algumas declarações de grande alcance sobre você. Uma declaração é uma declaração de propósito e compromisso.

O Senhor Deus diz: "não tenha medo deles" e "eles lutarão". A quem eles e eles no versículo acima se referem? Eu acredito em todos os seus inimigos; satanás e sua hoste de demônios, agentes humanos satânicos, doença, pobreza, fracasso, derrota, etc.

O fato de Deus dizer para resgatar você mostra que há perigo. Resgatar significa arrebatar, libertar, salvar, preservar e defender. Deus irá arrebatá-lo de suas armadilhas, Ele irá defendê-lo de seus ataques e preservará tudo o que pertence a você. A certeza da presença de Deus deveria ser uma realidade reconfortante.

Você deve ser capaz de enfrentar todas as situações sabendo que Deus está com você, portanto, o inimigo não pode realizar nada em você, em você ou através de você.

Jeremias foi chamado para enfrentar uma nação inteira apóstata e confrontá-la com a verdade da palavra de Deus. Era um homem contra uma nação inteira, mas Deus lhe disse que eles lutariam contra ele e não seriam capazes de vencê-lo. Isso não é invencibilidade? Isso não é ser imbatível? Quero que você saiba que embora todo o inferno esteja solto, porque Deus está com você, seus planos não darão em nada.

Deus diz que fez de você uma cidade fortificada, fez de você uma coluna de ferro e fez de você um muro de bronze. Uma cidade fortificada está permanentemente protegida contra todas as infiltrações e invasões inimigas. Você pode viver em uma cidade fortificada com toda a sensação de segurança e confiança. Um pilar de ferro não pode ser facilmente dobrado nem movido. Uma parede de bronze não pode ser derrubada ou derrubada pelo inimigo. O céu tornou você inexpugnável; imbatível, invencível, indomável e "invencível".

Você é invencível
Você não pode ser vencido por satanás.

Você não pode ser vencido pelas bruxas.

Você não pode ser vencido por doenças e enfermidades. Isso é o que o céu decretou para você. E porque o céu governa todo o universo, você tem o mandato de impor esse decreto em seu domínio. O céu não disse que eles nunca lutarão contra você. Pelo contrário, prometeu que lutarão, mas a vitória será sua.

Satanás pode reunir todo o seu exército e sitiar a sua vida, mas eles não o vencerão porque, assim como o céu decretou a vitória para você, também decretou o fracasso e a derrota para o diabo. Quero que você saiba que o Conselho do céu sentou-se e proferiu um julgamento sobre Satanás que nunca foi revertido; o diabo foi declarado um fracasso eterno e um perdedor permanente.

A Bíblia diz que um estudante não pode ser maior que seu mestre, portanto, se Satanás foi decretado um perdedor permanente, todos os seus seguidores foram decretados perdedores e fracassados. Se você ler Gênesis 3:14-15, o Senhor disse a ele (o diabo) que ele foi amaldiçoado acima de todas as coisas vivas. Deus decretou que ele rastejasse – essa é a posição de alguém que foi derrotado. Mas, sobre os santos, Deus diz: "eles subirão com asas como águias... correrão... caminharão" (Isaías 40:31). Então, você foi feito para voar, correr ou andar. Seu inimigo está condenado a rastejar.

O Senhor disse algo mais humilhante sobre o diabo, que ele comerá pó todos os dias da sua vida. Suas iguarias deveriam ser aquilo que você já pisou e pisou, mas para você Deus diz: Ele prepara uma mesa diante de você na presença de seus inimigos. O triste é que para alguns filhos de Deus o diabo parece ter virado o jogo, ele se alimenta das iguarias enquanto eles se alimentam do pó.

Ei! A partir de hoje você sabe o que o céu declarou para satanás como alimento. Cada vez que ele quiser se alimentar das suas finanças, diga a ele "ei garoto, você está enganado, você não pode se alimentar das minhas finanças, o céu diz que o pó deve ser o seu alimento" e então ordene que ele vá comer o pó. O que quer que seja seu, ele quer se alimentar, diga-lhe que ele não tem o direito de fazer isso, o céu não decretou nada para ele como alimento, exceto o pó.

Quero que você comece a confessar que é mais que vencedor; declare que você é invencível, declare que você é imbatível; declare que você não pode ser superado por alguém que foi declarado um fracasso.

Agora ouça mais uma vez o que o céu lhe diz: "Seja forte e corajoso. Não tenha medo nem fique apavorado por causa deles, pois o Senhor, seu Deus, vai com você; ele nunca te deixará nem te desamparará" (Deuteronômio 31:6).

O Céu quer que você mantenha uma atitude de força e coragem para que seja eficaz em tudo o que fizer. O medo e o desânimo são marido e mulher que sempre darão origem à derrota, ao fracasso, à confusão e à frustração. Eles próprios são frutos da dúvida e da incredulidade. Para vencer o medo e o desânimo você deve manter o foco no que a palavra de Deus declara sobre você e na Sua presença e companhia!

Força e coragem são as chaves para a liberação da onipotência. Se a onipotência deve agir em seu favor, você deve ser forte e corajoso. É por isso que Ele diz "diga os fracos que sou forte" (Joel 3:10b) e "fortaleça essas mãos fracas" (Isaías 35:3a).

Enfrente cada novo dia com força, coragem e conhecimento de que a onipotência nunca o abandonará, que a onipresença nunca o abandonará. A palavra nunca tem uma implicação tripla. Significa em nenhum momento, em nenhuma circunstância e em nenhum lugar. Você se lembra que o Senhor Jesus disse: "...estou sempre convosco..." Sempre, aqui significa em todos os lugares, em todos os momentos e em tudo! Esse é o compromisso da onipotência, da onipresença e da onisciência com você!

Satanás fará de tudo para roubar sua força e coragem, tentando deixá-lo em pânico. Uma vez que ele consiga fazer isso, a onipotência se torna indefesa no que diz respeito a você. Força e coragem ativam a onipotência em seu nome e a colocam em ação contra seus inimigos. A presença de Deus – Sua presença manifesta, ou seja, onipresença ativada, é o seu trunfo contra o inimigo. Deus está em toda parte e Seu poder está em toda parte, o que você precisa é de Sua presença e poder ativados. É o que faz a diferença!

Você é um imperialista

Agora, veja o que o Senhor disse a Josué: "Eu lhe darei todo lugar onde você pisar, como prometi a Moisés. 4 O teu território se estenderá desde o deserto até o Líbano, e desde o grande rio, o Eufrates, e todo o país hitita, até o Mar Grande, a oeste. 5 Ninguém será capaz de enfrentá-lo todos os dias da sua vida. Assim como fui com Moisés, estarei com você; Nunca te deixarei nem te desampararei" (Josué 1:3-5).

Deus declarou você um imperialista; você tem o direito de possuir todos os lugares que seu pé tocar. Quero que você comece a colocar os pés em sua herança de abundância financeira, social, material, emocional e, acima de tudo, espiritual. Imagine-se colocando o pé no território contestado da sua herança e comece a reivindicar toda a terra que lhe foi atribuída pelo Conselho do céu – a plenitude da sua herança em Cristo Jesus.

"**Ninguém**" significa todos, sem exceção, não importa quão grande, não importa quão treinado, não importa quão sofisticadas sejam suas armas ou maquinários;

dentro do território de sua herança, ninguém tem o direito de contestar você.

"Será capaz de se levantar contra você"

Deixe-me dizer o que isso significa:

- ninguém terá a capacidade de se levantar contra você

- ninguém terá o que é necessário para se levantar contra você

- ninguém que tente conseguirá se levantar contra você

- qualquer pessoa que tentar se levantar contra você acabará assumindo uma posição rastejante.

Por nenhuma razão o diabo, ou qualquer um de seus servos, deveria ser capaz de se levantar contra você. A postura que o céu decretou para eles é a postura de rastejar. Isso significa que eles devem se curvar diante de você. Tudo no domínio do seu governo e herança deve se curvar e se submeter a você.

A Bíblia não diz que ninguém tentará se levantar contra você, mas que mesmo que tentem, não conseguirão enquanto você tiver a vida de Deus em você. É por isso que a vitalidade espiritual é fundamental na guerra espiritual e na vida vitoriosa. Alimente-se da palavra de Deus através da leitura da Bíblia, estudo e meditação na Palavra.

"Como eu era... assim serei..."

Deus anseia diariamente mostrar Sua natureza imutável à humanidade e aos principados e potestades. Ele deseja apaixonadamente revelar ao homem que, assim como Ele era ontem, Ele é hoje e assim será amanhã. Ele é o Deus que atravessa a eternidade. Ele deseja demonstrar a natureza imutável de Seu poder, Sua justiça e Seu amor infinito. Em Josué 3:7 Ele diz "...eu sou...como eu era"

Ele é o mesmo ontem, hoje e sempre! Se você apenas se disponibilizar, você se tornará a arma ou instrumento de Deus através do qual Ele demonstrará Seu poder, justiça e fidelidade.

Se você permitir que tudo isso penetre profundamente em você; que o Deus que nunca falhou não falhará com você, que o Deus que nunca perdeu uma batalha não perderá nenhuma em seu nome; você será sempre vitorioso.

Capítulo 15

Empunhando suas armas

Por mais sofisticada e destrutiva que uma arma possa ser, se quem a utiliza não tiver qualquer domínio da arma, não há forma de a arma funcionar ao máximo dos seus potenciais e capacidades. Poderíamos até dizer que quanto maiores os potenciais de uma arma, mais autodevastadora ela poderia ser nas mãos de alguém que não aprendeu como usá-la.

A primeira coisa que quero dizer é que as armas que temos só podem ser eficazes se as usarmos através de Deus para os propósitos do Reino. Nunca use nenhuma das armas mencionadas por motivos egoístas. Não os use porque alguém o ofendeu. O alvo de suas armas não são os seres humanos, mas o diabo.

Não fique com ciúmes da propriedade de outra pessoa e depois use essas armas através de orações da alma. Se você fizer isso, você não estará usando as armas através de Deus, mas as estará enviando ao ar para o diabo usar contra as pessoas. Certifique-se de que cada vez que você usar essas poderosas armas espirituais, seus efeitos levarão ao avanço do Reino de Deus e não a algum reino pessoal.

Agora, lembre-se que cada uma das armas que mencionamos acima tem uma contrapartida física. Para usar essas armas com eficácia, você deve saber como funciona a contraparte física. Por exemplo, o fogo é usado no físico para queimar coisas. Se a situação espiritual exige que algo seja queimado, então você pode exigir que o fogo consuma a situação que você enfrenta! Aqui precisamos de muita sabedoria guiada pelo Espírito Santo.

Por exemplo, se você perceber que está contra um muro espiritual bloqueando seu avanço em qualquer domínio de sua vida, você pode ordenar que o terremoto do Senhor derrube o muro.

Se você quiser destruir satélites espiões inimigos, poderá ordenar ao vento leste do Senhor que os desvie de sua trajetória e os destrua em pedaços. O mesmo pode ser aplicado a câmeras espiãs; telescópios, etc. depois de explodi-los, se você quiser que eles sejam destruídos permanentemente, você pode liberar fogo para consumir tais aparelhos.

Você também pode ordenar que um raio atinja todos os espaços perdidos ou embarcações aéreas que estejam invadindo seu domínio espiritual.

Veja, assim como você pode espalhar inimigos físicos jogando granadas físicas no meio deles, para poder liberar granadas espirituais nos campos inimigos. Essas orações são melhores entre meia-noite e 3h, quando geralmente são reunidas. Se você conhece o local específico de sua reunião, você pode direcionar essas armas para eles.

Você pode interceptar o transporte de seus bens ilegais liberando o vento leste do Senhor para danificar todos os navios que possam estar transportando almas humanas ou sangue para abastecer seus bancos de sangue.

Você pode fazer chover fogo sobre altares satânicos erguidos contra o povo e a obra de Deus. Você também pode liberar gás lacrimogêneo espiritual no meio deles.

Você pode derrubar suas torres de vigia para que eles não possam monitorá-lo de lá usando seus telescópios satânicos.

Você sabe que o diabo designa demônios espiões que monitoram seus movimentos e fornecem relatórios. Para deixar este ponto bem claro, volte comigo para o Livro. Davi orou,

"Mantenha-me como a menina dos seus olhos; esconde-me à sombra das tuas asas dos ímpios que me atacam, dos meus inimigos mortais que me cercam. Eles fecham seus corações insensíveis e suas bocas falam com arrogância. Eles me rastrearam, agora me cercam, com olhos atentos, para me jogar no chão" (Salmos 17:9-11).

Veja, Davi estava muito consciente de seus inimigos, ele sabia que havia inimigos que procuravam sua vida e queriam sua ruína. Quero que você saiba que existem seres espirituais atacando você. Existem seres espirituais rastreando você com a intenção de derrubá-lo.

Quando o Senhor me ensinou isso, então percebi a necessidade de sempre orar e incapacitar sua maquinaria de espionagem, atacando com cegueira esses espíritos monitoradores. Você também pode torná-los surdos-mudos para que não possam ouvir nem falar e assim sua missão será permanentemente frustrada. Muitas vezes pronunciei um decreto segundo o qual dois desses espíritos monitoradores não serão capazes de concordar sobre qualquer relatório a meu respeito.

Eles podem inserir microfones em seu ambiente espiritual para monitorar todas as suas conversas e orações. Você terá que orar e desativar esses dispositivos usados na espionagem espiritual pelo inimigo. Você pode crie uma zona espiritual e declare-a uma zona proibida para satanás e seus demônios e agentes humanos. Ao fazer isso, você pode dar ao céu o mandato de colocar guardas costeiras para prender e prender permanentemente intrusos e invasores.

Você se lembra de como o Senhor lançou pedras de granizo contra o exército inimigo. Quando você sentir que está sitiado, você também pode pedir ao céu que solte pedras de granizo contra os inimigos que estão reunidos em torno de seus muros ou portões.

Há algo que o Senhor Jesus pensou sobre a influência dos corpos celestes nos assuntos humanos. Ouça o que Ele disse:

"Haverá sinais no sol, na lua e nas estrelas. Na terra, as nações ficarão angustiadas e perplexas com o bramido e a agitação do mar. 26 Os homens desmaiarão de terror, apreensivos com o que está por vir sobre o mundo, pois os corpos celestes serão abalados"(Lucas 21:25-26)

Os sinais do sol, da lua e das estrelas são os que causarão a angústia na terra. E é isso que o diabo está fazendo hoje. Ele está usando os corpos celestes para influenciar grandemente as atividades humanas aqui na terra. É por isso que há algumas doenças e enfermidades que surgem quando a soma está aumentando, outras quando está se pondo, outras coisas simplesmente acontecem em relação ao tamanho da lua. Eles são como um ciclo interminável de eventos. Para outros, o rugido do mar durante as marés altas traz-lhes problemas e sofrimentos físicos incalculáveis. É por isso que você deve orar em intervalos regulares, se não diariamente, desmantelando os programas do inimigo colocados nos corpos celestes ou no mar para trabalhar contra você. Você pode comandar os programas para travarem e abortarem.

www.ingramcontent.com/pod-product-compliance
Lightning Source LLC
Chambersburg PA
CBHW030528080526
44586CB00011B/361